PRÉFACE

La collection de guides de conversation "Tout ira bien!", publié par T&P Books, est conçue pour les gens qui voyagent par affaire ou par plaisir. Les guides de conversations contiennent le plus important - l'essentiel pour la communication de base. Il s'agit d'une série indispensable de phrases pour survivre à l'étranger.

Ce guide de conversation vous aidera dans la plupart des cas où vous devez demander quelque chose, trouver une direction, découvrir le prix d'un souvenir, etc. Il peut aussi résoudre des situations de communication difficile lorsque la gesticulation n'aide pas.

Le livre contient beaucoup de phrases qui ont été groupées par thèmes. Vous trouverez aussi un vocabulaire des 3000 mots les plus couramment utilisés. Une autre section du guide contient un glossaire gastronomique qui peut être utile lorsque vous faites le marché ou commandez des plats au restaurant.

Emmenez avec vous un guide de conversation "Tout ira bien!" sur la route et vous aurez un compagnon de voyage irremplaçable qui vous aidera à vous sortir de toutes les situations et vous enseignera à ne pas avoir peur de parler aux étrangers.

TABLE DES MATIÈRES

T&P Books Publishing

Collection de guides de conversation
"Tout ira bien!"

T&P Books Publishing

GUIDE DE CONVERSATION
— PORTUGAIS —

Par Andrey Taranov

LES PHRASES LES PLUS UTILES

Ce guide de conversation
contient les phrases et
les questions les plus
communes et nécessaires
pour communiquer avec
des étrangers

T&P BOOKS

Guide de conversation + dictionnaire de 3000 mots

Guide de conversation Français-Portugais et vocabulaire thématique de 3000 mots

Par Andrey Taranov

La collection de guides de conversation "Tout ira bien!", publiée par T&P Books, est conçue pour les gens qui voyagent par affaire ou par plaisir. Les guides contiennent l'essentiel pour la communication de base. Il s'agit d'une série indispensable de phrases pour "survivre" à l'étranger.

Ce livre inclut un dictionnaire thématique qui contient près de 3000 des mots les plus fréquemment utilisés. Une autre section du guide contient un glossaire gastronomique qui peut être utile lorsque vous faites le marché ou commandez des plats au restaurant.

T&P Books Publishing
www.tpbooks.com

ISBN: 978-1-78492-554-3

Ce livre existe également en format électronique.
Pour plus d'informations, veuillez consulter notre site: www.tpbooks.com
ou rendez-vous sur ceux des grandes librairies en ligne.

PRONONCIATION

Alphabet phonétique T&P	Exemple en portugais	Exemple en français

Voyelles

[a]	baixo ['baɪʃu]	classe
[ɐ]	junta ['ʒũtɐ]	classe
[e]	erro ['eʀu]	équipe
[ɛ]	leve ['lɛvə]	faire
[ə]	cliente [kli'ëtə]	record
[i]	lancil [lã'sil]	stylo
[ɪ]	baixo ['baɪʃu]	capital
[o], [ɔ]	boca, orar ['bokɐ], [ɔ'raɾ]	normal
[u]	urgente [uɾ'ʒẽtə]	boulevard
[ã]	toranja [tu'rãʒɐ]	dentiste
[ẽ]	gente ['ʒẽtə]	magicien
[ĩ]	seringa [sə'rĩgɐ]	[i] nasale
[õ]	ponto ['põtu]	contrat
[ũ]	umbigo [ũ'bigu]	un demi-tour

Consonnes

[b]	banco ['bãku]	bureau
[d]	duche ['duʃə]	document
[f]	facto ['faktu]	formule
[g]	gorila [gu'rilɐ]	gris
[ʒ]	margem ['marʒẽ']	maillot
[j]	feira ['fejrɐ]	maillot
[k]	claro ['klaɾu]	bocal
[l]	Londres ['lõdrəʃ]	vélo
[ʎ]	molho ['moʎu]	souliers
[m]	montanha [mõ'tɐɲɐ]	minéral
[n]	novela [nu'vɛlɐ]	ananas
[ɲ]	senhora [sə'ɲorɐ]	canyon
[ŋ]	marketing ['markətiŋ]	parking
[p]	prata ['pratɐ]	panama
[ʀ]	regador [ʀɐgɐ'doɾ]	R vibrante

Alphabet phonétique T&P	Exemple en portugais	Exemple en français
[ɾ]	**aberto** [ɐ'bɛɾtu]	espagnol - pero
[s]	**safira** [sɐ'fiɾɐ]	syndicat
[ʃ]	**texto** ['tɛʃtu]	chariot
[t]	**teto** ['tɛtu]	tennis
[ʧ]	**cappuccino** [kapu'ʧinu]	match
[v]	**alvo** ['alvu]	rivière
[z]	**vizinha** [vi'ziɲɐ]	gazeuse
[ʒ]	**juntos** ['ʒũtuʃ]	jeunesse
[w]	**sequoia** [sɐ'kwɔjɐ]	iguane

LISTE DES ABRÉVIATIONS

Abréviations en français

adj	-	adjective
adv	-	adverbe
anim.	-	animé
conj	-	conjonction
dénombr.	-	dénombrable
etc.	-	et cetera
f	-	nom féminin
f pl	-	féminin pluriel
fam.	-	familiar
fem.	-	féminin
form.	-	formal
inanim.	-	inanimé
indénombr.	-	indénombrable
m	-	nom masculin
m pl	-	masculin pluriel
m, f	-	masculin, féminin
masc.	-	masculin
math	-	mathematics
mil.	-	militaire
pl	-	pluriel
prep	-	préposition
pron	-	pronom
qch	-	quelque chose
qn	-	quelqu'un
sing.	-	singulier
v aux	-	verbe auxiliaire
v imp	-	verbe impersonnel
vi	-	verbe intransitif
vi, vt	-	verbe intransitif, transitif
vp	-	verbe pronominal
vt	-	verbe transitif

Abréviations en portugais

f	-	nom féminin
f pl	-	féminin pluriel

m	-	nom masculin
m pl	-	masculin pluriel
m, f	-	masculin, féminin
pl	-	pluriel
v aux	-	verbe auxiliaire
vi	-	verbe intransitif
vi, vt	-	verbe intransitif, transitif
vr	-	verbe pronominal réfléchi
vt	-	verbe transitif

T&P BOOKS

GUIDE DE
CONVERSATION
PORTUGAIS

Cette section contient
des phrases importantes
qui peuvent être utiles dans
des situations courantes.
Le guide vous aidera
à demander des directions,
clarifier le prix, acheter
des billets et commander
des plats au restaurant

T&P Books Publishing

CONTENU DU GUIDE DE CONVERSATION

T&P Books Publishing

Excusez-moi, …

Desculpe, …
[dɛʃk'ulpɛ, …]

Bonjour

Olá!
[ɔl'a!]

Merci

Obrigado /Obrigada/.
[ɔbrig'adu /ɔbrig'ada/]

Au revoir

Adeus.
[ad'euʃ]

Oui

Sim.
[sĩ]

Non

Não.
['nau]

Je ne sais pas.

Não sei.
['nau sɛj]

Où? (~ es-tu?) | Où? (~ vas-tu?) | Quand?

Onde? | Para onde? | Quando?
['õdɛ? | 'para 'õdɛ? | ku'ãdu?]

J'ai besoin de …

Preciso de …
[prɛs'izu dɛ …]

Je veux …

Eu queria …
['eu kɛr'ia …]

Avez-vous … ?

Tem …?
[tɛj …?]

Est-ce qu'il y a … ici?

Há aqui …?
['a ak'i …?]

Puis-je … ?

Posso …?
['pɔsu …?]

s'il vous plaît (pour une demande)

…, por favor
[…, pur fav'or]

Je cherche …

Estou à procura de …
[ʃto a prɔk'ura dɛ …]

les toilettes

casa de banho
['kaza dɛ 'baɲu]

un distributeur

Multibanco
[multib'ãku]

une pharmacie

farmácia
[farm'asia]

l'hôpital

hospital
[ɔʃpit'al]

le commissariat de police

esquadra de polícia
[ɛʃku'adra dɛ pul'isia]

une station de métro

metro
['mɛtru]

un taxi	**táxi** ['taksi]
la gare	**estação de comboio** [ɛʃtas'au dɛ kõb'ɔju]

Je m'appelle …	**Chamo-me …** ['ʃamumɛ …]
Comment vous appelez-vous?	**Como se chama?** ['komu sɛ ʃ'ama?]
Aidez-moi, s'il vous plaît.	**Pode-me dar uma ajuda?** ['pɔdɛmɛ dar 'uma aʒ'uda?]
J'ai un problème.	**Tenho um problema.** ['tɛɲu ũ prubl'ema]
Je ne me sens pas bien.	**Não me sinto bem.** ['nau mɛ 'sĩtu bɛj]
Appelez une ambulance!	**Chame a ambulância!** ['ʃamɛ a ãbul'ãsia!]
Puis-je faire un appel?	**Posso fazer uma chamada?** ['pɔsu faz'er 'uma ʃam'ada?]

Excusez-moi.	**Desculpe.** [dɛʃk'ulpɛ]
Je vous en prie.	**De nada.** [dɛ 'nada]

je, moi	**eu** ['eu]
tu, toi	**tu** [tu]
il	**ele** ['ɛlɛ]
elle	**ela** ['ɛla]
ils	**eles** ['ɛleʃ]
elles	**elas** ['ɛlaʃ]
nous	**nós** [nɔʃ]
vous	**vocês** [vɔs'eʃ]
Vous	**você** [vɔs'e]

ENTRÉE	**ENTRADA** [ẽtr'ada]
SORTIE	**SAÍDA** [sa'ida]
HORS SERVICE | EN PANNE	**FORA DE SERVIÇO** [f'ora dɛ sɛrv'isu]
FERMÉ	**FECHADO** [fɛʃ'adu]

OUVERT	**ABERTO** [ab'ɛrtu]
POUR LES FEMMES	**PARA SENHORAS** ['para sɛɲ'oraʃ]
POUR LES HOMMES	**PARA HOMENS** ['para 'ɔmɛjʃ]

Questions

Où? (lieu)	**Onde?** ['õdɛ?]
Où? (direction)	**Para onde?** ['para 'õdɛ?]
D'où?	**De onde?** [dɛ 'õdɛ?]
Pourquoi?	**Porquê?** [purk'e?]
Pour quelle raison?	**Porque razão?** ['purkɛ raz'au?]
Quand?	**Quando?** [ku'ãdu?]

Combien de temps?	**Quanto tempo?** [ku'ãtu 'tẽpu?]
À quelle heure?	**A que horas?** [a kɛ 'ɔraʃ?]
C'est combien?	**Quanto?** [ku'ãtu?]
Avez-vous … ?	**Tem …?** [tɛj …?]
Où est …, s'il vous plaît?	**Onde fica …?** ['õdɛ 'fika …?]

Quelle heure est-il?	**Que horas são?** [kɛ 'ɔraʃ 'sau?]
Puis-je faire un appel?	**Posso fazer uma chamada?** ['pɔsu faz'er 'uma ʃam'ada?]
Qui est là?	**Quem é?** [kɛj ɛ?]
Puis-je fumer ici?	**Posso fumar aqui?** ['pɔsu fum'ar ak'i?]
Puis-je …?	**Posso …?** ['pɔsu …?]

Besoins

Je voudrais …	**Eu gostaria de …** ['eu guʃtar'ia dɛ …]
Je ne veux pas …	**Eu não quero …** ['eu 'nau 'kɛru …]
J'ai soif.	**Tenho sede.** ['tɛɲu 'sedɛ]
Je veux dormir.	**Eu quero dormir.** ['eu 'kɛru durm'ir]

Je veux …	**Eu queria …** ['eu kɛr'ia …]
me laver	**lavar-me** [lav'armɛ]
brosser mes dents	**escovar os dentes** [ɛʃkuv'ar uʃ 'dẽtɛʃ]
me reposer un instant	**descansar um pouco** [dɛʃkãs'ar ũ 'poku]
changer de vêtements	**trocar de roupa** [truk'ar dɛ 'ropa]

retourner à l'hôtel	**voltar ao hotel** [vɔlt'ar 'au ɔt'ɛl]
acheter …	**comprar …** [kõpr'ar …]
aller à …	**ir para …** [ir 'para …]
visiter …	**visitar …** [vizit'ar …]
rencontrer …	**encontrar-me com …** [ẽkõtr'armɛ kõ …]
faire un appel	**fazer uma chamada** [faz'er 'uma ʃam'ada]

Je suis fatigué /fatiguée/	**Estou cansado /cansada/.** [ʃto kãs'adu /kãs'ada/]
Nous sommes fatigués /fatiguées/	**Nós estamos cansados /cansadas/.** [nɔʃ ɛʃt'amuʃ kãs'aduʃ /kãs'adaʃ/]
J'ai froid.	**Tenho frio.** ['tɛɲu fr'iu]
J'ai chaud.	**Tenho calor.** ['tɛɲu kal'or]
Je suis bien.	**Estou bem.** [ʃto bɛj]

Il me faut faire un appel.

Preciso de telefonar.
[prɛs'izu dɛ tɛlɛfun'ar]

J'ai besoin d'aller aux toilettes.

Preciso de ir à casa de banho.
[prɛs'izu dɛ ir a 'kaza dɛ 'baɲu]

Il faut que j'aille.

Tenho de ir.
['tɛɲu dɛ ir]

Je dois partir maintenant.

Tenho de ir agora.
['tɛɲu dɛ ir ag'ɔra]

Comment demander la direction

Excusez-moi, …
Desculpe, …
[dɛʃk'ulpɛ, …]

Où est …, s'il vous plaît?
Onde fica …?
[ˈõdɛ 'fika …?]

Dans quelle direction est … ?
Para que lado fica …?
[ˈpara kɛ 'ladu 'fika …?]

Pouvez-vous m'aider, s'il vous plaît ?
Pode-me dar uma ajuda?
[ˈpɔdɛmɛ dar 'uma aʒ'uda?]

Je cherche …
Estou à procura de …
[ʃto a prɔk'ura dɛ …]

La sortie, s'il vous plaît?
Estou à procura da saída.
[ʃto a prɔk'ura da sa'ida]

Je vais à …
Eu vou para …
[ˈeu vo 'para …]

C'est la bonne direction pour …?
Estou a ir bem para …?
[ʃto a ir bɛj 'para …?]

C'est loin?
Fica longe?
[ˈfika 'lõʒɛ?]

Est-ce que je peux y aller à pied?
Posso ir até lá a pé?
[ˈpɔsu ir atɛ la a pɛ?]

Pouvez-vous me le montrer sur la carte?
Pode-me mostrar no mapa?
[ˈpɔdɛmɛ muʃtr'ar nu 'mapa?]

Montrez-moi où sommes-nous,
s'il vous plaît.
**Mostre-me onde estamos
de momento.**
[ˈmɔʃtrɛmɛ 'õdɛ ɛʃt'amuʃ
dɛ mum'ẽtu]

Ici
Aqui
[ak'i]

Là-bas
Ali
[al'i]

Par ici
Por aqui
[pur ak'i]

Tournez à droite.
Vire à direita.
[ˈvirɛ a dir'ɛjta]

Tournez à gauche.
Vire à esquerda.
[ˈvirɛ a ɛʃk'erda]

Prenez la première
(deuxième, troisième) rue.
primeira (segunda, terceira) curva
[prim'ɛjra (sɛg'ũda, tɛrs'ɛjra) 'kurva]

à droite
para a direita
[ˈpara a dir'ɛjta]

à gauche

Continuez tout droit.

para a esquerda
['para a ɛʃk'erda]

Vá sempre em frente.
[va 'sẽprɛ ɛj fr'ẽtɛ]

Affiches, Pancartes

BIENVENUE! **BEM-VINDOS!**
[bɛjvˈiduʃ!]

ENTRÉE **ENTRADA**
[ẽtrˈada]

SORTIE **SAÍDA**
[saˈida]

POUSSEZ **EMPURRAR**
[ẽpurˈar]

TIREZ **PUXAR**
[puʃˈar]

OUVERT **ABERTO**
[abˈɛrtu]

FERMÉ **FECHADO**
[fɛʃˈadu]

POUR LES FEMMES **PARA SENHORAS**
[ˈpara sɛɲˈoraʃ]

POUR LES HOMMES **PARA HOMENS**
[ˈpara ˈɔmɛjʃ]

MESSIEURS **HOMENS, CAVALHEIROS**
[ˈɔmɛjʃ, kavaʎˈɛjruʃ]

FEMMES **SENHORAS**
[sɛɲˈoraʃ]

RABAIS | SOLDES **DESCONTOS**
[dɛʃkˈõtuʃ]

PROMOTION **SALDOS**
[ˈsalduʃ]

GRATUIT **GRATUITO**
[gratˈuitu]

NOUVEAU! **NOVIDADE!**
[nuvidˈadɛ!]

ATTENTION! **ATENÇÃO!**
[atẽsˈau!]

COMPLET **NÃO HÁ VAGAS**
[ˈnau a ˈvagaʃ]

RÉSERVÉ **RESERVADO**
[rɛzɛrvˈadu]

ADMINISTRATION **ADMINISTRAÇÃO**
[adminiʃtrasˈau]

PERSONNEL SEULEMENT **ACESSO RESERVADO**
[asˈɛsu rɛzɛrvˈadu]

ATTENTION AU CHIEN!	**CUIDADO COM O CÃO** [kuid'adu kõ u 'kau]
NE PAS FUMER!	**NÃO FUMAR!** ['nau fum'ar!]
NE PAS TOUCHER!	**NÃO MEXER!** ['nau mɛʃer!]
DANGEREUX	**PERIGOSO** [pɛrig'ozu]
DANGER	**PERIGO** [pɛr'igu]
HAUTE TENSION	**ALTA TENSÃO** ['alta tẽs'au]
BAIGNADE INTERDITE!	**PROIBIDO NADAR** [pruib'idu nad'ar]

HORS SERVICE | EN PANNE	**FORA DE SERVIÇO** [f'ora dɛ sɛrv'isu]
INFLAMMABLE	**INFLAMÁVEL** [iflam'avɛl]
INTERDIT	**PROIBIDO** [pruib'idu]
ENTRÉE INTERDITE!	**PASSAGEM PROIBIDA** [pas'aʒɛj pruib'ida]
PEINTURE FRAÎCHE	**PINTADO DE FRESCO** [p̃it'adu dɛ fr'eʃku]

FERMÉ POUR TRAVAUX	**FECHADO PARA OBRAS** [fɛʃ'adu 'para 'ɔbraʃ]
TRAVAUX EN COURS	**TRABALHOS NA VIA** [trab'aʎuʃ na 'via]
DÉVIATION	**DESVIO** [dɛʒv'iu]

Transport - Phrases générales

avion	**avião** [avj'au]
train	**comboio** [kõb'ɔju]
bus, autobus	**autocarro** [autɔk'aru]
ferry	**ferri** [fɛri]
taxi	**táxi** ['taksi]
voiture	**carro** ['karu]
horaire	**horário** [ɔr'ariu]
Où puis-je voir l'horaire?	**Onde posso ver o horário?** ['õdɛ 'pɔsu ver u ɔr'ariu?]
jours ouvrables	**dias de trabalho** ['diaʃ dɛ trab'aʎu]
jours non ouvrables	**fins de semana** [fiʃ dɛ sɛm'ana]
jours fériés	**férias** [f'ɛriaʃ]
DÉPART	**PARTIDA** [part'ida]
ARRIVÉE	**CHEGADA** [ʃɛg'ada]
RETARDÉE	**ATRASADO** [atraz'adu]
ANNULÉE	**CANCELADO** [kãsɛl'adu]
prochain	**próximo** [pr'ɔsimu]
premier	**primeiro** [prim'ɛjru]
dernier	**último** ['ultimu]
À quelle heure est le prochain …?	**Quando é o próximo …?** [ku'ãdu ɛ u pr'ɔsimu …?]
À quelle heure est le premier …?	**Quando é o primeiro …?** [ku'ãdu ɛ u prim'ɛjru …?]

À quelle heure est le dernier ...?

correspondance

prendre la correspondance

Dois-je prendre la correspondance?

Quando é o último ...?
[ku'ãdu ɛ u 'ultimu ...?]

transbordo
[trãʒb'ordu]

fazer o transbordo
[faz'er u trãʒb'ordu]

Preciso de fazer o transbordo?
[prɛs'izu dɛ faz'er u trãʒb'ordu?]

Acheter un billet

Où puis-je acheter des billets?	**Onde posso comprar bilhetes?** ['õdɛ 'pɔsu kõpr'ar biʎ'etɛʃ?]
billet	**bilhete** [biʎ'etɛ]
acheter un billet	**comprar um bilhete** [kõpr'ar ũ biʎ'etɛ]
le prix d'un billet	**preço do bilhete** [pr'esu du biʎ'etɛ]

Pour aller où?	**Para onde?** ['para 'õdɛ?]
Quelle destination?	**Para que estação?** ['para kɛ eʃtas'au?]
Je voudrais …	**Preciso de …** [prɛs'izu dɛ …]
un billet	**um bilhete** [ũ biʎ'etɛ]
deux billets	**dois bilhetes** ['dojʃ biʎ'etɛʃ]
trois billets	**três bilhetes** [treʃ biʎ'etɛʃ]

aller simple	**só de ida** [sɔ dɛ 'ida]
aller-retour	**de ida e volta** [dɛ 'ida i 'vɔlta]
première classe	**primeira classe** [prim'ɛjra kl'asɛ]
classe économique	**segunda classe** [sɛg'ũda kl'asɛ]

aujourd'hui	**hoje** ['oʒɛ]
demain	**amanhã** [amaɲ'ã]
après-demain	**depois de amanhã** [dɛp'ojʃ dɛ amaɲ'ã]
dans la matinée	**de manhã** [dɛ maɲ'ã]
l'après-midi	**à tarde** [a 'tardɛ]
dans la soirée	**ao fim da tarde** ['au fi da 'tardɛ]

siège côté couloir

lugar de corredor
[lug'ar dɛ kurɛd'or]

siège côté fenêtre

lugar à janela
[lug'ar a ʒan'ɛla]

C'est combien?

Quanto?
[ku'ãtu?]

Puis-je payer avec la carte?

Posso pagar com cartão de crédito?
['pɔsu pag'ar kõ kart'au dɛ kr'ɛditu?]

L'autobus

bus, autobus	**autocarro** [autɔk'aru]
autocar	**camioneta** [kamiun'ɛta]
arrêt d'autobus	**paragem de autocarro** [par'aʒɛj dɛ autɔk'aru]
Où est l'arrêt d'autobus le plus proche?	**Onde é a paragem de autocarro mais perto?** ['õdɛ ɛ a par'aʒɛj dɛ autɔk'aru majʃ 'pɛrtu?]

numéro	**número** ['numɛru]
Quel bus dois-je prendre pour aller à …?	**Qual o autocarro que apanho para …?** [ku'al u autɔk'aru kɛ ap'aɲu 'para …?]
Est-ce que ce bus va à …?	**Este autocarro vai até …?** ['eʃtɛ autɔk'aru vaj atɛ …?]
L'autobus passe tous les combien?	**Com que frequência passam os autocarros?** [kõ kɛ frɛku'ẽsia 'pasau uʃ autɔk'aruʃ?]

chaque quart d'heure	**de 15 em 15 minutos** [dɛ 'kĩzɛ ɛj 'kĩzɛ min'utuʃ]
chaque demi-heure	**de meia em meia hora** [dɛ 'mɛja ɛj 'mɛja 'ɔra]
chaque heure	**de hora a hora** [dɛ 'ɔra a 'ɔra]
plusieurs fois par jour	**várias vezes ao dia** ['variaʃ 'vezɛʃ 'au dia]
… fois par jour	**… vezes ao dia** [… 'vezɛʃ 'au dia]

horaire	**horário** [ɔr'ariu]
Où puis-je voir l'horaire?	**Onde posso ver o horário?** ['õdɛ 'pɔsu ver u ɔr'ariu?]
À quelle heure passe le prochain bus?	**Quando é o próximo autocarro?** [ku'ãdu ɛ u pr'ɔsimu autɔk'aru?]
À quelle heure passe le premier bus?	**Quando é o primeiro autocarro?** [ku'ãdu ɛ u prim'ɛjru autɔk'aru?]
À quelle heure passe le dernier bus?	**Quando é o último autocarro?** [ku'ãdu ɛ u 'ultimu autɔk'aru?]

arrêt	**paragem** [par'aʒɛj]
prochain arrêt	**próxima paragem** [prɔsima par'aʒɛj]
terminus	**última paragem** ['ultima par'aʒɛj]
Pouvez-vous arrêter ici, s'il vous plaît.	**Pare aqui, por favor.** ['parɛ ak'i, pur fav'or]
Excusez-moi, c'est mon arrêt.	**Desculpe, esta é a minha paragem.** [dɛʃk'ulpɛ, 'ɛʃta ɛ a 'miɲa par'aʒɛj]

Train

train	**comboio** [kõb'ɔju]
train de banlieue	**comboio sub-urbano** [kõb'ɔju suburb'anu]
train de grande ligne	**comboio de longa distância** [kõb'ɔju dɛ 'lõga diʃt'ãsia]
la gare	**estação de comboio** [ɛʃtas'au dɛ kõb'ɔju]
Excusez-moi, où est la sortie vers les quais?	**Desculpe, onde fica a saída para a plataforma?** [dɛʃk'ulpɛ, 'õdɛ 'fika a sa'ida 'para a plataf'ɔrma?]

Est-ce que ce train va à …?	**Este comboio vai até …?** ['eʃtɛ kõb'ɔju vaj atɛ …?]
le prochain train	**próximo comboio** [pr'ɔsimu kõb'ɔju]
À quelle heure est le prochain train?	**Quando é o próximo comboio?** [ku'ãdu ɛ u pr'ɔsimu kõb'ɔju?]
Où puis-je voir l'horaire?	**Onde posso ver o horário?** ['õdɛ 'pɔsu ver u ɔr'ariu?]
De quel quai?	**Apartir de que plataforma?** [apart'ir dɛ kɛ plataf'ɔrma?]
À quelle heure arrive le train à …?	**Quando é que o comboio chega a …?** [ku'ãdu ɛ kɛ u kõb'ɔju ʃega a …?]

Pouvez-vous m'aider, s'il vous plaît?	**Ajude-me, por favor.** [aʒ'udɛmɛ, pur fav'or]
Je cherche ma place.	**Estou à procura do meu lugar.** [ʃto a prɔk'ura du 'meu lug'ar]
Nous cherchons nos places.	**Nós estamos à procura dos nossos lugares.** [nɔʃ eʃt'amuʃ a prɔk'ura duʃ 'nɔsuʃ lug'arɛʃ]
Ma place est occupée.	**O meu lugar está ocupado.** [u 'meu lug'ar eʃt'a ɔkup'adu]

Nos places sont occupées.	**Os nossos lugares estão ocupados.** [uʃ 'nɔsuʃ lug'arɛʃ eʃt'au ɔkup'aduʃ]
Excusez-moi, mais c'est ma place.	**Peço desculpa mas este é o meu lugar.** ['pɛsu dɛʃk'ulpa maʃ 'eʃtɛ ɛ u 'meu lug'ar]

Est-ce que cette place est libre?

Este lugar está ocupado?
['eʃtɛ lug'ar ɛʃt'a ɔkup'adu?]

Puis-je m'asseoir ici?

Posso sentar-me aqui?
['pɔsu sẽt'armɛ ak'i?]

Sur le train - Dialogue (Pas de billet)

Votre billet, s'il vous plaît.

Bilhete, por favor.
[biʎ'etɛ, pur fav'or]

Je n'ai pas de billet.

Não tenho bilhete.
['nau 'tɛɲu biʎ'etɛ]

J'ai perdu mon billet.

Perdi o meu bilhete.
[pɛrd'i u 'meu biʎ'etɛ]

J'ai oublié mon billet à la maison.

Esqueci-me do bilhete em casa.
[ɛʃkɛs'imɛ du biʎ'etɛ ɐ̃j 'kaza]

Vous pouvez m'acheter un billet.

Pode comprar um bilhete a mim.
['pɔdɛ kõpr'ar ũ biʎ'etɛ a 'mĩ]

Vous devrez aussi payer une amende.

Terá também de pagar uma multa.
[tɛr'a tãb'ɛj dɛ pag'ar 'uma 'multa]

D'accord.

Está bem.
[ɛʃt'a bɛj]

Où allez-vous?

Onde vai?
['õdɛ vaj?]

Je vais à …

Eu vou para …
['eu vo 'para …]

Combien? Je ne comprend pas.

Quanto é? Eu não entendo.
[ku'ãtu 'ɛ? 'eu 'nau ẽt'ẽdu]

Pouvez-vous l'écrire, s'il vous plaît.

Escreva, por favor.
[ɛʃkr'eva, pur fav'or]

D'accord. Puis-je payer avec la carte?

Está bem. Posso pagar com cartão de crédito?
[ɛʃt'a bɛj. 'pɔsu pag'ar kõ kart'au dɛ kr'ɛditu]

Oui, bien sûr.

Sim, pode.
[sĩ, 'pɔdɛ]

Voici votre reçu.

Aqui tem a sua fatura.
[ak'i tɛj a 'sua fat'ura]

Désolé pour l'amende.

Desculpe pela multa.
[dɛʃk'ulpɛ 'pela 'multa]

Ça va. C'est de ma faute.

Não tem mal. A culpa foi minha.
['nau tɛj mal. a 'kulpa 'foj 'miɲa]

Bon voyage.

Desfrute da sua viagem.
[dɛʃfr'utɛ da 'sua vj'aʒɛj]

Taxi

taxi	**táxi** ['taksi]
chauffeur de taxi	**taxista** [taks'iʃta]
prendre un taxi	**apanhar um táxi** [apaɲ'ar ũ 'taksi]
arrêt de taxi	**paragem de táxis** [par'aʒɐj dɛ 'taksiʃ]
Où puis-je trouver un taxi?	**Onde posso apanhar um táxi?** ['õdɛ 'pɔsu apaɲ'ar ũ 'taksi?]
appeler un taxi	**chamar um táxi** [ʃam'ar ũ 'taksi]
Il me faut un taxi.	**Preciso de um táxi.** [prɛs'izu dɛ ũ 'taksi]
maintenant	**Agora.** [ag'ɔra]
Quelle est votre adresse?	**Qual é a sua morada?** [ku'al ɛ a 'sua mur'ada?]
Mon adresse est …	**A minha morada é …** [a 'miɲa mur'ada ɛ …]
Votre destination?	**Qual o seu destino?** [ku'al u 'seu dɛʃt'inu?]
Excusez-moi, …	**Desculpe, …** [dɛʃk'ulpɛ, …]
Vous êtes libre ?	**Está livre?** [ɛʃt'a 'livrɛ?]
Combien ça coûte pour aller à …?	**Em quanto fica a corrida até …?** [ɛj ku'ãtu 'fika a kur'ida atɛ …?]
Vous savez où ça se trouve?	**Sabe onde é?** ['sabɛ 'õdɛ ɛ?]
À l'aéroport, s'il vous plaît.	**Para o aeroporto, por favor.** ['para u aɛrɔp'ortu, pur fav'or]
Arrêtez ici, s'il vous plaît.	**Pare aqui, por favor.** ['parɛ ak'i, pur fav'or]
Ce n'est pas ici.	**Não é aqui.** ['nau ɛ ak'i]
C'est la mauvaise adresse.	**Esta morada está errada.** ['ɛʃta mur'ada ɛʃt'a ir'ada]
tournez à gauche	**Vire à esquerda.** ['virɛ a ɛʃk'erda]
tournez à droite	**Vire à direita.** ['virɛ a dir'ɛjta]

Combien je vous dois?

Quanto lhe devo?
[ku'ãtu ʎɛ 'devu?]

J'aimerais avoir un reçu, s'il vous plaît.

Queria fatura, por favor.
[kɛr'ia fat'ura, pur fav'or]

Gardez la monnaie.

Fique com o troco.
[fʲikɛ kõ u tr'oku]

Attendez-moi, s'il vous plaît …

Espere por mim, por favor.
[ɛʃp'ɛrɛ pur mĩ, pur fav'or]

cinq minutes

5 minutos
['sĩku min'utuʃ]

dix minutes

10 minutos
[dɛʃ min'utuʃ]

quinze minutes

15 minutos
['kĩzɛ min'utuʃ]

vingt minutes

20 minutos
['vĩtɛ min'utuʃ]

une demi-heure

meia hora
['mɛja 'ɔra]

Hôtel

Bonjour.

Olá!
[ɔl'a!]

Je m'appelle ...

Chamo-me ...
['ʃamumɛ ...]

J'ai réservé une chambre.

Tenho uma reserva.
['tɛɲu 'uma rɛz'ɛrva]

Je voudrais ...

Preciso de ...
[prɛs'izu dɛ ...]

une chambre simple

um quarto de solteiro
[ũ ku'artu dɛ sɔlt'ɛjru]

une chambre double

um quarto de casal
[ũ ku'artu dɛ kaz'al]

C'est combien?

Quanto é?
[ku'ãtu 'ɛ?]

C'est un peu cher.

Está um pouco caro.
[ɛʃt'a ũ 'poku 'karu]

Avez-vous autre chose?

Não tem outras opções?
['nau tɛj 'otraʃ ɔps'õjʃ?]

Je vais la prendre.

Eu fico com ele.
['eu 'fiku kõ 'ɛle]

Je vais payer comptant.

Eu pago em dinheiro.
['eu 'pagu ɛj diɲ'ɛjru]

J'ai un problème.

Tenho um problema.
['tɛɲu ũ prubl'ema]

Mon ... est cassé.

O meu ... está partido
/A minha ... está partida/.
[u 'meu ... ɛʃt'a part'idu
/a 'miɲa ... ɛʃt'a part'ida/]

Mon ... ne fonctionne pas.

O meu ... está avariado
/A minha ... está avariada/.
[u 'meu ... ɛʃt'a avarj'adu
/a 'miɲa ... ɛʃt'a avarj'ada/]

télé

televisor
[tɛlɛviz'or]

air conditionné

ar condicionado
[ar kõdisiun'adu]

robinet

torneira
[turn'ɛjra]

douche

duche
['duʃɛ]

évier	**lavatório** [lavat'ɔriu]
coffre-fort	**cofre** ['kɔfrɛ]
serrure de porte	**fechadura** [fɛʃad'ura]
prise électrique	**tomada elétrica** [tum'ada el'ɛtrika]
sèche-cheveux	**secador de cabelo** [sɛkad'or dɛ kab'elu]

Je n'ai pas …	**Não tenho …** ['nau 'tɛɲu …]
d'eau	**água** ['agua]
de lumière	**luz** [luʃ]
d'électricité	**eletricidade** [elɛtrisid'adɛ]

Pouvez-vous me donner …?	**Pode dar-me …?** ['pɔdɛ darmɛ …?]
une serviette	**uma toalha** ['uma tu'aʎa]
une couverture	**um cobertor** [ũ kubɛrt'or]
des pantoufles	**uns chinelos** [ũʃ ʃin'ɛluʃ]
une robe de chambre	**um roupão** [ũ rop'au]
du shampoing	**algum champô** [alg'ũ ʃãp'o]
du savon	**algum sabonete** [alg'ũ sabun'etɛ]

Je voudrais changer ma chambre.	**Gostaria de trocar de quartos.** [guʃtar'ia dɛ truk'ar dɛ ku'artuʃ]
Je ne trouve pas ma clé.	**Não consigo encontrar a minha chave.** ['nau kõs'igu ẽkõtr'ar a 'miɲa ʃ'avɛ]
Pourriez-vous ouvrir ma chambre, s'il vous plaît?	**Abra-me o quarto, por favor.** ['abramɛ u ku'artu, pur fav'or]
Qui est là?	**Quem é?** [kɛj ɛ?]
Entrez!	**Entre!** [ẽtrɛ!]
Une minute!	**Um minuto!** [ũ min'utu!]

Pas maintenant, s'il vous plaît.	**Agora não, por favor.** [ag'ɔra 'nau, pur fav'or]
Pouvez-vous venir à ma chambre, s'il vous plaît.	**Venha ao meu quarto, por favor.** ['vɛɲa 'au 'meu ku'artu, pur fav'or]

J'aimerais avoir le service d'étage.

Gostaria de encomendar comida.
[guʃtarˈia dɛ ẽkumẽdˈar kumˈida]

Mon numéro de chambre est le ...

O número do meu quarto é ...
[u ˈnumɛru du ˈmeu kuˈartu ɛ ...]

Je pars ...

Estou de saída ...
[ʃto dɛ saˈida ...]

Nous partons ...

Estamos de saída ...
[ʃtˈamuʃ dɛ saˈida ...]

maintenant

agora
[agˈɔra]

cet après-midi

esta tarde
[ˈɛʃta ˈtardɛ]

ce soir

hoje à noite
[ˈoʒɛ a ˈnojtɛ]

demain

amanhã
[amaɲˈã]

demain matin

amanhã de manhã
[amaɲˈã dɛ maɲˈã]

demain après-midi

amanhã ao fim da tarde
[amaɲˈã ˈau fi da ˈtardɛ]

après-demain

depois de amanhã
[dɛpˈojʃ dɛ amaɲˈã]

Je voudrais régler mon compte.

Gostaria de pagar.
[guʃtarˈia dɛ pagˈar]

Tout était merveilleux.

Estava tudo maravilhoso.
[ɛʃtˈava ˈtudu maraviʎˈozu]

Où puis-je trouver un taxi?

Onde posso apanhar um táxi?
[ˈõdɛ ˈpɔsu apaɲˈar ũ ˈtaksi?]

Pourriez-vous m'appeler un taxi, s'il vous plaît?

Pode me chamar um táxi, por favor?
[ˈpɔdɛ mɛ ʃamˈar ũ ˈtaksi, pur favˈor]

Restaurant

Puis-je voir le menu, s'il vous plaît?

Posso ver o menu, por favor?
['pɔsu 'ver u mɛn'u, pur fav'or?]

Une table pour une personne.

Mesa para um.
['meza 'para ũ]

Nous sommes deux (trois, quatre).

Somos dois (três, quatro).
['somuʃ dojʃ (treʃ, ku'atru)]

Fumeurs

Para fumadores
['para fumad'orɛʃ]

Non-fumeurs

Para não fumadores
['para 'nau fumad'orɛʃ]

S'il vous plaît!

Por favor!
[pur fav'or!]

menu

menu
[mɛn'u]

carte des vins

lista de vinhos
['liʃta dɛ 'viɲuʃ]

Le menu, s'il vous plaît.

O menu, por favor.
[u mɛn'u, pur fav'or]

Êtes-vous prêts à commander?

Já escolheu?
[ʒa eʃkuʎ'eu?]

Qu'allez-vous prendre?

O que vai tomar?
[u kɛ vaj tum'ar?]

Je vais prendre …

Eu quero …
['eu 'kɛru …]

Je suis végétarien.

Eu sou vegetariano /vegetariana/.
['eu so vɛʒɛtarj'anu /vɛʒɛtarj'ana/]

viande

carne
['karnɛ]

poisson

peixe
['pɛjʃɛ]

légumes

vegetais
[vɛʒɛt'ajʃ]

Avez-vous des plats végétariens?

Tem pratos vegetarianos?
[tɛj pr'atuʃ vɛʒɛtarj'anuʃ?]

Je ne mange pas de porc.

Não como porco.
['nau 'komu 'porku]

Il /elle/ ne mange pas de viande.

Ele /ela/ não come porco.
['ɛle /'ɛla/ 'nau 'kɔmɛ 'porku]

Je suis allergique à …

Sou alérgico /alérgica/ a …
[so al'ɛrʒiku /al'ɛrʒika/ a …]

Pourriez-vous m'apporter …, s'il vous plaît.	**Por favor, pode trazer-me …?** [pur fav'or, 'pɔdɛ traz'ermɛ …?]
le sel | le poivre | du sucre	**sal | pimenta | açúcar** [sal | pim'ẽta | as'ukar]
un café | un thé | un dessert	**café | chá | sobremesa** [kaf'ɛ | ʃa | sobrɛm'eza]
de l'eau | gazeuse | plate	**água | com gás | sem gás** ['agua | kõ gaʃ | sɛj gaʃ]
une cuillère | une fourchette | un couteau	**uma colher | um garfo | uma faca** ['uma kuʎ'ɛr | ũ 'garfu | uma 'faka]
une assiette | une serviette	**um prato | um guardanapo** [ũ pr'atu | ũ guardan'apu]

Bon appétit!	**Bom apetite!** [bõ apɛt'itɛ!]
Un de plus, s'il vous plaît.	**Mais um, por favor.** ['maiʃ ũ, pur fav'or]
C'était délicieux.	**Estava delicioso.** [ɛʃt'ava dɛlisj'ozu]

l'addition | de la monnaie | le pourboire	**conta | troco | gorjeta** ['kõta | tr'oku | gurʒ'eta]
L'addition, s'il vous plaît.	**A conta, por favor.** [a 'kõta, pur fav'or]
Puis-je payer avec la carte?	**Posso pagar com cartão de crédito?** ['pɔsu pag'ar kõ kart'au dɛ kr'ɛditu?]
Excusez-moi, je crois qu'il y a une erreur ici.	**Desculpe, mas tem um erro aqui.** [dɛʃk'ulpɛ, maʃ tɛj ũ 'eru ak'i]

Shopping. Faire les Magasins

Est-ce que je peux vous aider? **Posso ajudá-lo /ajudá-la/?**
['pɔsu aʒud'alu /aʒud'ala/?]

Avez-vous … ? **Tem …?**
[tɛj …?]

Je cherche … **Estou à procura de …**
[ʃto a prɔk'ura dɛ …]

Il me faut … **Preciso de …**
[prɛs'izu dɛ …]

Je regarde seulement, merci. **Estou só a ver.**
[ʃto sɔ a ver]

Nous regardons seulement, merci. **Estamos só a ver.**
[ɛʃt'amuʃ sɔ a ver]

Je reviendrai plus tard. **Volto mais tarde.**
['vɔltu 'maiʃ 'tardɛ]

On reviendra plus tard. **Voltamos mais tarde.**
[vɔlt'amuʃ 'maiʃ 'tardɛ]

Rabais | Soldes **descontos | saldos**
[dɛʃk'õtuʃ | 'salduʃ]

Montrez-moi, s'il vous plaît … **Mostre-me, por favor …**
['mɔʃtrɛmɛ, pur fav'or …]

Donnez-moi, s'il vous plaît … **Dê-me, por favor …**
['demɛ, pur fav'or …]

Est-ce que je peux l'essayer? **Posso experimentar?**
['pɔsu ɛʃpɛrimẽt'ar?]

Excusez-moi, où est la cabine **Desculpe, onde fica**
d'essayage? **a cabine de prova?**
[dɛʃk'ulpɛ, 'õdɛ 'fika
a kab'inɛ dɛ pr'ɔva?]

Quelle couleur aimeriez-vous? **Que cor prefere?**
[kɛ kor prɛf'ɛrɛ?]

taille | longueur **tamanho | comprimento**
[tam'aɲu | kõprim'ẽtu]

Est-ce que la taille convient ? **Como lhe fica?**
['komu ʎɛ 'fika?]

Combien ça coûte? **Quanto é que isto custa?**
[ku'ãtu ɛ kɛ 'iʃtu 'kuʃta?]

C'est trop cher. **É muito caro.**
[ɛ 'muitu 'karu]

Je vais le prendre. **Eu fico com ele.**
['eu 'fiku kõ 'ɛle]

Excusez-moi, où est la caisse?

Desculpe, onde fica a caixa?
[dɛʃk'ulpɛ, 'õdɛ 'fika a 'kajʃa?]

Payerez-vous comptant ou par
carte de crédit?

**Vai pagar a dinheiro ou com
cartão de crédito?**
[vaj pag'ar a diɲ'ɛjru o kõ
kart'au dɛ kr'ɛditu?]

Comptant | par carte de crédit

A dinheiro | com cartão de crédito
[a diɲ'ɛjru | kõ kart'au dɛ kr'ɛditu]

Voulez-vous un reçu?

Pretende fatura?
[prɛt'ẽdɛ fat'ura?]

Oui, s'il vous plaît.

Sim, por favor.
[sĩ, pur fav'or]

Non, ce n'est pas nécessaire.

Não. Está bem!
['nau. ɛʃt'a bɛj]

Merci. Bonne journée!

**Obrigado /Obrigada/.
Tenha um bom dia!**
[ɔbrig'adu /ɔbrig'ada/.
'taɲa ũ bõ 'dia!]

En ville

Excusez-moi, …

Desculpe, por favor …
[dɛʃk'ulpɛ, pur fav'or …]

Je cherche …

Estou à procura …
[ʃto a prɔk'ura …]

le métro

do metro
[du 'mɛtru]

mon hôtel

do meu hotel
[du 'meu ɔt'ɛl]

le cinéma

do cinema
[du sin'ema]

un arrêt de taxi

da praça de táxis
[da pr'asa dɛ 'taksiʃ]

un distributeur

do multibanco
[du multib'ãku]

un bureau de change

de uma casa de câmbio
[dɛ 'uma 'kaza dɛ 'kãbiu]

un café internet

de um café internet
[dɛ ũ kafɛ ĩtɛrn'ɛtɛ]

la rue …

da rua …
[da 'rua …]

cette place-ci

deste lugar
['deʃtɛ lug'ar]

Savez-vous où se trouve …?

Sabe dizer-me onde fica …?
['sabɛ diz'ermɛ 'õdɛ 'fika …?]

Quelle est cette rue?

Como se chama esta rua?
['komu sɛ ʃama 'ɛʃta 'rua?]

Montrez-moi où sommes-nous,
s'il vous plaît.

**Mostre-me onde estamos
de momento.**
['mɔʃtrɛmɛ 'õdɛ ɛʃt'amuʃ
dɛ mum'ẽtu]

Est-ce que je peux y aller à pied?

Posso ir até lá a pé?
['pɔsu ir atɛ la a pɛ?]

Avez-vous une carte de la ville?

Tem algum mapa da cidade?
[tɛj alg'ũ 'mapa da sid'adɛ?]

C'est combien pour un ticket?

Quanto custa a entrada?
[ku'ãtu 'kuʃta a ẽtr'ada?]

Est-ce que je peux faire des photos?

Pode-se fotografar aqui?
['pɔdɛsɛ futugraf'ar ak'i?]

Êtes-vous ouvert?

Estão abertos?
[ɛʃt'au ab'ɛrtuʃ?]

À quelle heure ouvrez-vous?

A que horas abrem?
[a kɛ 'ɔraʃ 'abrɛj?]

À quelle heure fermez-vous?

A que horas fecham?
[a kɛ 'ɔraʃ 'faʃau?]

L'argent

argent	**dinheiro** [diɲ'ɛjru]
argent liquide	**a dinheiro** [a diɲ'ɛjru]
des billets	**dinheiro de papel** [diɲ'ɛjru dɛ pap'ɛl]
petite monnaie	**troco** [tr'oku]
l'addition | de la monnaie | le pourboire	**conta | troco | gorjeta** ['kõta | tr'oku | gurʒ'eta]

carte de crédit	**cartão de crédito** [kart'au dɛ kr'ɛditu]
portefeuille	**carteira** [kart'ɛjra]
acheter	**comprar** [kõpr'ar]
payer	**pagar** [pag'ar]
amende	**multa** ['multa]
gratuit	**gratuito** [grat'uitu]

Où puis-je acheter … ?	**Onde é que posso comprar …?** ['õdɛ ɛ kɛ 'pɔsu kõpr'ar …?]
Est-ce que la banque est ouverte en ce moment?	**O banco está aberto agora?** [u 'bãku ɛʃt'a ab'ɛrtu ag'ɔra?]
À quelle heure ouvre-t-elle?	**Quando abre?** [ku'ãdu 'abrɛ?]
À quelle heure ferme-t-elle?	**Quando fecha?** [ku'ãdu 'faʃa?]

C'est combien?	**Quanto?** [ku'ãtu?]
Combien ça coûte?	**Quanto custa isto?** [ku'ãtu 'kuʃta 'iʃtu?]
C'est trop cher.	**É muito caro.** [ɛ 'muitu 'karu]

Excusez-moi, où est la caisse?	**Desculpe, onde fica a caixa?** [dɛʃk'ulpɛ, 'õdɛ 'fika a 'kajʃa?]
L'addition, s'il vous plaît.	**A conta, por favor.** [a 'kõta, pur faʋ'or]

Puis-je payer avec la carte?

Posso pagar com cartão de crédito?
['pɔsu pag'ar kõ kart'au dɛ kr'ɛditu?]

Est-ce qu'il y a un distributeur ici?

Há algum Multibanco aqui?
['a alg'ũ multib'äku ak'i?]

Je cherche un distributeur.

Estou à procura de um Multibanco.
[ʃto a prɔk'ura dɛ ũ multib'äku]

Je cherche un bureau de change.

Estou à procura de uma casa de câmbio.
[ʃto a prɔk'ura dɛ 'uma 'kaza dɛ 'käbiu]

Je voudrais changer ...

Eu gostaria de trocar ...
['eu guʃtar'ia dɛ truk'ar ...]

Quel est le taux de change?

Qual a taxa de câmbio?
[ku'al a 'taʃa dɛ 'käbiu?]

Avez-vous besoin de mon passeport?

Precisa do meu passaporte?
[prɛs'iza du 'meu pasap'ɔrtɛ?]

Le temps

Quelle heure est-il? **Que horas são?**
[kɛ 'ɔraʃ 'sau?]

Quand? **Quando?**
[ku'ãdu?]

À quelle heure? **A que horas?**
[a kɛ 'ɔraʃ?]

maintenant | plus tard | après … **agora | mais tarde | depois …**
[ag'ɔra | 'maiʃ 'tardɛ | dɛp'oiʃ …]

---

une heure **uma em ponto**
['uma ɛj 'põtu]

une heure et quart **uma e quinze**
['uma i 'kĩzɛ]

une heure et demie **uma e trinta**
['uma i tr̃ita]

deux heures moins quart **uma e quarenta e cinco**
['uma i kuar'ẽta i 'sĩku]

---

un | deux | trois **um | dois | três**
[ũ | 'dojʃ | treʃ]

quatre | cinq | six **quatro | cinco | seis**
[ku'atru | 'sĩku | 'sɛiʃ]

sept | huit | neuf **sete | oito | nove**
['sɛtɛ | 'ojtu | 'nɔvɛ]

dix | onze | douze **dez | onze | doze**
[dɛʃ | 'õzɛ | 'dozɛ]

---

dans … **dentro de …**
['dẽtru dɛ …]

cinq minutes **5 minutos**
['sĩku min'utuʃ]

dix minutes **10 minutos**
[dɛʃ min'utuʃ]

quinze minutes **15 minutos**
['kĩzɛ min'utuʃ]

vingt minutes **20 minutos**
['vĩtɛ min'utuʃ]

une demi-heure **meia hora**
['mɛja 'ɔra]

une heure **uma hora**
['uma 'ɔra]

dans la matinée	de manhã [dɛ mɐɲˈã]
tôt le matin	de manhã cedo [dɛ mɐɲˈã ˈsedu]
ce matin	esta manhã [ˈɛʃta mɐɲˈã]
demain matin	amanhã de manhã [amɐɲˈã dɛ mɐɲˈã]

à midi	ao meio-dia [ˈau mɛjudˈia]
dans l'après-midi	à tarde [a ˈtardɛ]
dans la soirée	à noite [a ˈnojtɛ]
ce soir	esta noite [ˈɛʃta ˈnojtɛ]

la nuit	à noite [a ˈnojtɛ]
hier	ontem [ˈõtɛj uʃ]
aujourd'hui	hoje [ˈoʒɛ]
demain	amanhã [amɐɲˈã]
après-demain	depois de amanhã [dɛpˈojʃ dɛ amɐɲˈã]

Quel jour sommes-nous aujourd'hui?	Que dia é hoje? [kɛ ˈdia ɛ ˈoʒɛ?]
Nous sommes ...	Hoje é ... [ˈoʒɛ ɛ ...]
lundi	segunda-feira [sɛˈgũda ˈfɛjra]
mardi	terça-feira [tersa ˈfɛjra]
mercredi	quarta-feira [kuarta ˈfɛjra]

jeudi	quinta-feira [kĩta ˈfɛjra]
vendredi	sexta-feira [saʃta ˈfɛjra]
samedi	sábado [ˈsabadu]
dimanche	domingo [dumˈĩgu]

Salutations - Introductions

Bonjour.

Olá!
[ɔl'a!]

Enchanté /Enchantée/

Prazer em conhecê-lo /conhecê-la/.
[praz'er ɛj kuɲɛs'elu /kuɲɛs'ela/]

Moi aussi.

O prazer é todo meu.
[u praz'er ɛ 'todu 'meu]

Je voudrais vous présenter …

Apresento-lhe …
[aprɛz'ɐ̃tuʎɛ …]

Ravi de vous rencontrer.

Muito prazer.
['muitu praz'er]

Comment allez-vous?

Como está?
['komu ɛʃt'a?]

Je m'appelle …

Chamo-me …
['ʃamumɛ …]

Il s'appelle …

Ele chama-se …
['ɛle ʃ'amasɛ …]

Elle s'appelle …

Ela chama-se …
['ɛla ʃ'amasɛ …]

Comment vous appelez-vous?

Como é que o senhor /a senhora/ se chama?
['komu ɛ kɛ u sɛɲ'or /a sɛɲ'ora/ sɛ ʃ'ama?]

Quel est son nom? (m)

Como é que ela se chama?
['komu ɛ kɛ 'ɛla sɛ ʃ'ama?]

Quel est son nom? (f)

Como é que ela se chama?
['komu ɛ kɛ 'ɛla sɛ ʃ'ama?]

Quel est votre nom de famille?

Qual o seu apelido?
[ku'al u 'seu apɛl'idu?]

Vous pouvez m'appeler …

Pode chamar-me …
['pɔdɛ ʃam'armɛ …]

D'où êtes-vous?

De onde é?
[dɛ 'õdɛ ɛ?]

Je suis de …

Sou de …
[so dɛ …]

Qu'est-ce que vous faites dans la vie?

O que faz na vida?
[u kɛ faʃ na 'vida?]

Qui est-ce?

Quem é este?
[kɛj ɛ 'eʃtɛ?]

Qui est-il?

Quem é ele?
[kɛj ɛ 'ɛle?]

Qui est-elle?	**Quem é ela?** [kɛj ɛ 'ɛla?]
Qui sont-ils?	**Quem são eles?** [kɛj 'sau 'ɛleʃ?]

C'est ...	**Este é ...** ['eʃtɛ ɛ ...]
mon ami	**o meu amigo** [u 'meu am'igu]
mon amie	**a minha amiga** [a 'miɲa am'iga]
mon mari	**o meu marido** [u 'meu mar'idu]
ma femme	**a minha mulher** [a 'miɲa muʎ'ɛr]

mon père	**o meu pai** [u 'meu 'paj]
ma mère	**a minha mãe** [a 'miɲa mɛj]
mon frère	**o meu irmão** [u 'meu irm'au]
ma sœur	**a minha irmã** [a 'miɲa irm'ã]
mon fils	**o meu filho** [u 'meu 'fiʎu]
ma fille	**a minha filha** [a 'miɲa 'fiʎa]

C'est notre fils.	**Este é o nosso filho.** ['eʃtɛ ɛ u 'nɔsu 'fiʎu]
C'est notre fille.	**Este é a nossa filha.** ['eʃtɛ ɛ a 'nɔsa 'fiʎa]
Ce sont mes enfants.	**Estes são os meus filhos.** ['eʃteʃ 'sau uʃ 'meuʃ 'fiʎuʃ]
Ce sont nos enfants.	**Estes são os nossos filhos.** ['eʃteʃ 'sau uʃ 'nɔsuʃ 'fiʎuʃ]

Les adieux

Au revoir!	**Adeus!** [ad'ɛuʃ]
Salut!	**Tchau!** [tʃ'au!]
À demain.	**Até amanhã.** [at'ɛ amaɲ'ã]
À bientôt.	**Até breve.** [at'ɛ br'ɛvɛ]
On se revoit à sept heures.	**Até às sete.** [at'ɛ aʃ 'sɛtɛ]
Amusez-vous bien!	**Diverte-te!** [div'ɛrtɛtɛ!]
On se voit plus tard.	**Falamos mais tarde.** [fal'amuʃ 'maiʃ 'tardɛ]
Bonne fin de semaine.	**Bom fim de semana.** [bõ fi dɛ sɛm'ana]
Bonne nuit.	**Boa noite.** ['boa 'nojtɛ]
Il est l'heure que je parte.	**Está na hora.** [ɛʃt'a na 'ɔra]
Je dois m'en aller.	**Preciso de ir embora.** [prɛs'izu dɛ ir ẽb'ɔra]
Je reviens tout de suite.	**Volto já.** ['vɔltu ʒa]
Il est tard.	**Já é tarde.** [ʒa ɛ 'tardɛ]
Je dois me lever tôt.	**Tenho de me levantar cedo.** ['tɛɲu dɛ mɛ lɛvãt'ar 'sedu]
Je pars demain.	**Vou-me embora amanhã.** ['vomɛ ẽb'ɔra amaɲ'ã]
Nous partons demain.	**Vamos embora amanhã.** ['vamuʃ ẽb'ɔra amaɲ'ã]
Bon voyage!	**Boa viagem!** ['boa vj'aʒɛj!]
Enchanté de faire votre connaissance.	**Tive muito prazer em conhecer-vos.** ['tivɛ 'muitu praz'er ɛj kuɲɛs'ervuʃ]
Heureux /Heureuse/ d'avoir parlé avec vous.	**Foi muito agradável falar consigo.** [foj 'muitu agrad'avɛl fal'ar kõs'igu]
Merci pour tout.	**Obrigado /Obrigada/ por tudo.** [ɔbrig'adu /ɔbrig'ada/ pur 'tudu]

Je me suis vraiment amusé /amusée/

Passei um tempo muito agradável.
[pas'ɛj ũ 'tẽpu 'muitu agrad'avɛl]

Nous nous sommes vraiment
amusés /amusées/

Passámos um tempo muito agradável.
[pas'amuʃ ũ 'tẽpu 'muitu agrad'avɛl]

C'était vraiment plaisant.

Foi mesmo fantástico.
[foj 'meʒmu fãt'aʃtiku]

Vous allez me manquer.

Vou ter saudades suas.
[vo ter saud'adɛʃ 'suaʃ]

Vous allez nous manquer.

Vamos ter saudades suas.
['vamuʃ ter saud'adɛʃ 'suaʃ]

Bonne chance!

Boa sorte!
['boa 'sɔrtɛ!]

Mes salutations à ...

Dê cumprimentos a ...
[de kũprim'ẽtuʃ a ...]

Une langue étrangère

Je ne comprends pas.

Eu não entendo.
['eu 'nau ẽt'ẽdu]

Écrivez-le, s'il vous plaît.

Escreva isso, por favor.
[ɛʃkr'eva 'isu, pur fav'or]

Parlez-vous …?

O senhor /a senhora/ fala …?
[u sɛɲor /a sɛɲ'ora/ 'fala …?]

Je parle un peu …

Eu falo um pouco de …
['eu 'falu ũ 'poku dɛ …]

anglais

Inglês
[igl'eʃ]

turc

Turco
['turku]

arabe

Árabe
['arabɛ]

français

Francês
[frãs'eʃ]

allemand

Alemão
[alɛm'au]

italien

Italiano
[italj'anu]

espagnol

Espanhol
[ɛʃpaɲ'ɔl]

portugais

Português
[purtug'eʃ]

chinois

Chinês
[ʃin'eʃ]

japonais

Japonês
[ʒapun'eʃ]

Pouvez-vous le répéter, s'il vous plaît.

Pode repetir isso, por favor.
['pɔdɛ rɛpɛt'ir 'isu, pur fav'or]

Je comprends.

Compreendo.
[kõpɾj'ẽdu]

Je ne comprends pas.

Eu não entendo.
['eu 'nau ẽt'ẽdu]

Parlez plus lentement, s'il vous plaît.

Por favor fale mais devagar.
[pur fav'or 'falɛ 'maiʃ dɛvag'ar]

Est-ce que c'est correct?

Isso está certo?
['isu ɛʃt'a 'sɛrtu?]

Qu'est-ce que c'est?

O que é isto?
[u kɛ ɛ 'iʃtu?]

Les excuses

Excusez-moi, s'il vous plaît.

Desculpe-me, por favor.
[dɛʃk'ulpɛmɛ, pur fav'or]

Je suis désolé /désolée/

Lamento.
[lam'ẽtu]

Je suis vraiment /désolée/

Tenho muita pena.
['tɛɲu 'muita 'pena]

Désolé /Désolée/, c'est ma faute.

Desculpe, a culpa é minha.
[dɛʃk'ulpɛ, a 'kulpa ɛ 'miɲa]

Au temps pour moi.

O erro foi meu.
[u 'eru foj 'meu]

Puis-je ... ?

Posso ...?
['pɔsu ...?]

Ça vous dérange si je ...?

O senhor /a senhora/ não se importa se eu ...?
[u sɛɲ'or /a sɛɲ'ora/ 'nau sɛ ĩp'ɔrta sɛ 'eu ...?]

Ce n'est pas grave.

Não faz mal.
['nau faʃ mal]

Ça va.

Está tudo em ordem.
[ɛʃt'a 'tudu ɛj 'ɔrdɛj]

Ne vous inquiétez pas.

Não se preocupe.
['nau sɛ priɔk'upɛ]

Les accords

Oui	**Sim.** [sĩ]
Oui, bien sûr.	**Sim, claro.** [sĩ, kl'aru]
Bien.	**Está bem!** [εʃt'a bεj!]
Très bien.	**Muito bem.** ['muitu bεj]
Bien sûr!	**Claro!** [kl'aru!]
Je suis d'accord.	**Concordo.** [kõk'ɔrdu]
C'est correct.	**Certo.** ['sεrtu]
C'est exact.	**Correto.** [kur'εtu]
Vous avez raison.	**Tem razão.** [tεj raz'au]
Je ne suis pas contre.	**Eu não me oponho.** ['eu 'nau mε ɔp'oɲu]
Tout à fait correct.	**Absolutamente certo.** [absulutam'ẽtε 'sεrtu]
C'est possible.	**É possível.** [ε pus'ivεl]
C'est une bonne idée.	**É uma boa ideia.** [ε 'uma 'boa id'εja]
Je ne peux pas dire non.	**Não posso recusar.** ['nau 'pɔsu rεkuz'ar]
J'en serai ravi /ravie/	**Terei muito gosto.** [tεr'εj 'muitu 'goʃtu]
Avec plaisir.	**Com prazer.** [kõ praz'er]

Refus, exprimer le doute

Non	**Não.** ['nau]
Absolument pas.	**Claro que não.** [kl'aru kɛ 'nau]
Je ne suis pas d'accord.	**Não concordo.** ['nau kõk'ɔrdu]
Je ne le crois pas.	**Não creio.** ['nau kr'ɛju]
Ce n'est pas vrai.	**Isso não é verdade.** ['isu 'nau ɛ vɛrd'adɛ]

Vous avez tort.	**O senhor /a senhora/ não tem razão.** [u sɛɲ'or /a sɛɲ'ora/ 'nau tɐj raz'au]
Je pense que vous avez tort.	**Acho que o senhor /a senhora/ não tem razão.** ['aʃu kɛ u sɛɲ'or /a sɛɲ'ora/ 'nau tɐj raz'au]
Je ne suis pas sûr /sûre/	**Não tenho a certeza.** ['nau 'tɛɲu a sɛrt'eza]
C'est impossible.	**É impossível.** [ɛ ĩpus'ivɛl]
Pas du tout!	**De modo algum!** [dɛ 'mɔdu alg'ũ!]

Au contraire!	**Exatamente o contrário.** [ezatam'ẽtɛ u kõtr'ariu]
Je suis contre.	**Sou contra.** [so 'kõtra]
Ça m'est égal.	**Não me importo.** ['nau mɛ ĩp'ɔrtu]
Je n'ai aucune idée.	**Não faço ideia.** ['nau 'fasu id'ɛja]
Je doute que cela soit ainsi.	**Não creio.** ['nau kr'ɛju]

Désolé /Désolée/, je ne peux pas.	**Desculpe, mas não posso.** [dɛʃk'ulpɛ, maʃ 'nau 'pɔsu]
Désolé /Désolée/, je ne veux pas.	**Desculpe, mas não quero.** [dɛʃk'ulpɛ, maʃ 'nau 'kɛru]

Merci, mais ça ne m'intéresse pas.	**Desculpe, não quero isso.** [dɛʃk'ulpɛ, 'nau 'kɛru 'isu]
Il se fait tard.	**Já é muito tarde.** [ʒa ɛ 'muitu 'tardɛ]

Je dois me lever tôt.	**Tenho de me levantar cedo.** ['tɛɲu dɛ mɛ lɛvãt'ar 'sedu]
Je ne me sens pas bien.	**Não me sinto bem.** ['nau mɛ 'sĩtu bɛj]

Exprimer la gratitude

Merci.	**Obrigado /Obrigada/.** [ɔbrig'adu /ɔbrig'ada/]
Merci beaucoup.	**Muito obrigado /obrigada/.** ['muitu ɔbrig'adu /ɔbrig'ada/]
Je l'apprécie beaucoup.	**Fico muito grato /grata/.** [f'iku 'muitu gr'atu /gr'ata/]
Je vous suis très reconnaissant.	**Estou-lhe muito reconhecido.** [ʃtoʎɛ 'muitu rɛkuɲɛs'idu]
Nous vous sommes très reconnaissant.	**Estamos-lhe muito reconhecidos.** [ɛʃt'amuʒʎɛ 'muitu rɛkuɲɛs'iduʃ]

Merci pour votre temps.	**Obrigado /Obrigada/ pelo seu tempo.** [ɔbrig'adu /ɔbrig'ada/ 'pelu 'seu 'tẽpu]
Merci pour tout.	**Obrigado /Obrigada/ por tudo.** [ɔbrig'adu /ɔbrig'ada/ pur 'tudu]
Merci pour …	**Obrigado /Obrigada/ …** [ɔbrig'adu /ɔbrig'ada/ …]
votre aide	**… pela sua ajuda** [… 'pela 'sua aʒ'uda]
les bons moments passés	**… por este tempo bem passado** [… 'pur 'eʃtɛ 'tẽpu bɛj pas'adu]

un repas merveilleux	**… pela comida deliciosa** [… 'pela kum'ida dɛlisj'ɔza]
cette agréable soirée	**… por esta noite agradável** [… pur 'ɛʃta 'nojtɛ agrad'avɛl]
cette merveilleuse journée	**… pelo dia maravilhoso** [… 'pelu 'dia maraviʎ'ozu]
une excursion extraordinaire	**… pela jornada fantástica** [… 'pela ʒurn'ada fãt'aʃtika]

Il n'y a pas de quoi.	**Não tem de quê.** ['nau tɛj dɛ ke]
Vous êtes les bienvenus.	**Não precisa agradecer.** ['nau prɛs'iza agradɛs'er]
Mon plaisir.	**Disponha sempre.** [diʃp'oɲa 'sẽprɛ]
J'ai été heureux /heureuse/ de vous aider.	**Foi um prazer ajudar.** ['foj ũ praz'er aʒud'ar]
Ça va. N'y pensez plus.	**Esqueça isso.** [ɛʃk'esa 'isu]
Ne vous inquiétez pas.	**Não se preocupe.** ['nau sɛ priɔk'upɛ]

Félicitations. Vœux de fête

Félicitations! **Parabéns!**
[parab'ɛjʃ!]

Joyeux anniversaire! **Feliz aniversário!**
[fɛl'iʃ anivɛrs'ariu!]

Joyeux Noël! **Feliz Natal!**
[fɛl'iʃ nat'al!]

Bonne Année! **Feliz Ano Novo!**
[fɛl'iʃ 'anu 'novu!]

Joyeuses Pâques! **Feliz Páscoa!**
[fɛl'iʃ 'paʃkua!]

Joyeux Hanoukka! **Feliz Hanukkah!**
[fɛl'iʃ an'ukka!]

Je voudrais proposer un toast. **Gostaria de fazer um brinde.**
[guʃtar'ia dɛ faz'er ũ brʲidɛ]

Santé! **Saúde!**
[sa'udɛ!]

Buvons à …! **Bebamos a …!**
[bɛb'amuʃ a …!]

À notre succès! **Ao nosso sucesso!**
[au 'nɔsu sus'ɛsu!]

À votre succès! **Ao vosso sucesso!**
[au 'vɔsu sus'ɛsu!]

Bonne chance! **Boa sorte!**
['boa 'sɔrtɛ!]

Bonne journée! **Tenha um bom dia!**
['tɛɲa ũ bõ 'dia!]

Passez de bonnes vacances ! **Tenha um bom feriado!**
['tɛɲa ũ bõ fɛrj'adu!]

Bon voyage! **Tenha uma viagem segura!**
['tɛɲa 'uma vj'aʒɛj sɛg'ura!]

Rétablissez-vous vite. **Espero que melhore em breve!**
[ɛʃp'ɛru kɛ mɛʎ'ɔrɛ ɛj br'ɛvɛ!]

Socialiser

Pourquoi êtes-vous si triste?	**Porque é que está chateado /chateada/?** ['purkɛ ɛ kɛ ɛʃt'a ʃatj'adu /ʃatj'ada/?]
Souriez!	**Sorria!** [sur'ia!]
Êtes-vous libre ce soir?	**Está livre esta noite?** [ɛʃt'a 'livrɛ 'ɛʃta 'nojtɛ?]
Puis-je vous offrir un verre?	**Posso oferecer-lhe algo para beber?** ['pɔsu ɔfɛrɛs'erʎɛ 'algu 'para bɛb'er?]
Voulez-vous danser?	**Você quer dançar?** [vɔs'e kɛr dãs'ar?]
Et si on va au cinéma?	**Vamos ao cinema.** ['vamuʃ 'au sin'ema]
Puis-je vous inviter …	**Gostaria de a convidar para ir …** [guʃtar'ia dɛ a kõvid'ar 'para ir …]
au restaurant	**ao restaurante** ['au rɛʃtaur'ãtɛ]
au cinéma	**ao cinema** ['au sin'ema]
au théâtre	**ao teatro** ['au te'atru]
pour une promenade	**passear** [pase'ar]
À quelle heure?	**A que horas?** [a kɛ 'ɔraʃ?]
ce soir	**hoje à noite** ['oʒɛ a 'nojtɛ]
à six heures	**às 6 horas** [aʃ 'sajʃ 'ɔraʃ]
à sept heures	**às 7 horas** [aʃ 'sɛtɛ 'ɔraʃ]
à huit heures	**às 8 horas** [aʃ 'ojtu 'ɔraʃ]
à neuf heures	**às 9 horas** [aʃ 'nɔvɛ 'ɔraʃ]
Est-ce que vous aimez cet endroit?	**Gosta deste local?** ['gɔʃta 'deʃtɛ luk'al?]
Êtes-vous ici avec quelqu'un?	**Está com alguém?** [ɛʃt'a kõ alg'ɛj?]

Je suis avec mon ami.	**Estou com o meu amigo.** [ʃto kõ u 'meu am'igu]
Je suis avec mes amis.	**Estou com os meus amigos.** [ʃto kõ uʃ 'meuʃ am'iguʃ]
Non, je suis seul /seule/	**Não, estou sozinho /sozinha/.** ['nau, ɛʃt'o sɔz'iɲu /sɔz'iɲa/]

As-tu un copain?	**Tens namorado?** [tɛjʃ namur'adu?]
J'ai un copain.	**Tenho namorado.** ['tɛɲu namur'adu]
As-tu une copine?	**Tens namorada?** [tɛjʃ namur'ada?]
J'ai une copine.	**Tenho namorada.** ['tɛɲu namur'ada]

Est-ce que je peux te revoir?	**Posso voltar a ver-te?** ['pɔsu vɔlt'ar a 'vertɛ?]
Est-ce que je peux t'appeler?	**Posso ligar-te?** ['pɔsu lig'artɛ?]
Appelle-moi.	**Liga-me.** ['ligamɛ]
Quel est ton numéro?	**Qual é o teu número?** [ku'al ɛ u 'teu 'numɛru?]
Tu me manques.	**Tenho saudades tuas.** ['tɛɲu saud'adeʃ 'tuaʃ]

Vous avez un très beau nom.	**Tem um nome muito bonito.** [tɛj ũ 'nomɛ 'muitu bun'itu]
Je t'aime.	**Amo-te.** ['amutɛ]
Veux-tu te marier avec moi?	**Quer casar comigo?** [kɛr kaz'ar kum'igu?]
Vous plaisantez!	**Você está a brincar!** [vɔs'e ɛʃt'a a bɾik'ar!]
Je plaisante.	**Estou só a brincar.** [ʃto sɔ a bɾik'ar]

Êtes-vous sérieux /sérieuse/?	**Está a falar a sério?** [ɛʃt'a a fal'ar a 'sɛriu?]
Je suis sérieux /sérieuse/	**Estou a falar a sério.** [ʃto a fal'ar a 'sɛriu]
Vraiment?!	**De verdade?!** [dɛ vɛrd'adɛ?!]
C'est incroyable!	**Incrível!** [ĩkr'ivɛl]
Je ne vous crois pas.	**Não acredito.** ['nau akrɛd'itu]
Je ne peux pas.	**Não posso.** ['nau 'pɔsu]
Je ne sais pas.	**Não sei.** ['nau sɛj]

Je ne vous comprends pas

Não entendo o que está a dizer.
['nau ẽt'ẽdu u kɛ ɛʃt'a a diz'er]

Laissez-moi! Allez-vous-en!

Saia, por favor.
['saja, pur fav'or]

Laissez-moi tranquille!

Deixe-me em paz!
['dajʃɛmɛ ɛj paʃ!]

Je ne le supporte pas.

Eu não o suporto.
['eu 'nau u sup'ɔrtu]

Vous êtes dégoûtant!

Você é detestável!
[vɔs'e ɛ dɛtɛʃt'avɛl!]

Je vais appeler la police!

Vou chamar a polícia!
[vo ʃam'ar a pul'isia!]

Partager des impressions. Émotions

J'aime ça.	**Gosto disto.** ['goʃtu 'diʃtu]
C'est gentil.	**É muito simpático.** [ɛ 'muitu sĩp'atiku]
C'est super!	**Fixe!** [fˈiʃɛ!]
C'est assez bien.	**Não é mau.** ['nau ɛ 'mau]

Je n'aime pas ça.	**Não gosto disto.** ['nau 'goʃtu 'diʃtu]
Ce n'est pas bien.	**Isso não está certo.** ['isu 'nau ɛʃt'a 'sɛrtu]
C'est mauvais.	**Isso é mau.** ['isu ɛ 'mau]
Ce n'est pas bien du tout.	**Isso é muito mau.** ['isu ɛ 'muitu 'mau]
C'est dégoûtant.	**Isso é asqueroso.** ['isu ɛ aʃkɛr'ozu]

Je suis content /contente/	**Estou feliz.** [ʃto fɛl'iʃ]
Je suis heureux /heureuse/	**Estou contente.** [ʃto kõt'ẽtɛ]
Je suis amoureux /amoureuse/	**Estou apaixonado /apaixonada/.** [ʃto apajʃun'adu /apajʃun'ada/]
Je suis calme.	**Estou calmo /calma/.** [ʃto 'kalmu /k'alma/]
Je m'ennuie.	**Estou aborrecido /aborrecida/.** [ʃto aburɛs'idu /aburɛs'ida/]

Je suis fatigué /fatiguée/	**Estou cansado /cansada/.** [ʃto kãs'adu /kãs'ada/]
Je suis triste.	**Estou triste.** [ʃto tr'iʃtɛ]
J'ai peur.	**Estou apavorado /apavorada/.** [ʃto apavur'adu /apavur'ada/]

Je suis fâché /fâchée/	**Estou zangado /zangada/.** [ʃto zãg'adu /zãg'ada/]
Je suis inquiet /inquiète/	**Estou preocupado /preocupada/.** [ʃto priɔkup'adu /priɔkup'ada/]
Je suis nerveux /nerveuse/	**Estou nervoso /nervosa/.** [ʃto nɛrv'ozu /nɛrv'oza/]

Je suis jaloux /jalouse/

Estou ciumento /ciumenta/.
[ʃto sium'ẽtu /sium'ẽta/]

Je suis surpris /surprise/

Estou surpreendido /surpreendida/.
[ʃto surpriẽd'idu /surpriẽd'ida/]

Je suis gêné /gênée/

Estou perplexo /perplexa/.
[ʃto pɛrpl'ɛksu /pɛrpl'ɛksa/]

Problèmes. Accidents

J'ai un problème.	**Tenho um problema.** ['tɛɲu ũ prubl'ema]
Nous avons un problème.	**Temos um problema.** ['tɛmuʃ ũ prubl'ema]
Je suis perdu /perdue/	**Estou perdido.** [ʃto pɛrd'idu]
J'ai manqué le dernier bus (train).	**Perdi o último autocarro (comboio).** [pɛrd'i u 'ultimu autɔk'aru (kõb'ɔju).]
Je n'ai plus d'argent.	**Não me resta nenhum dinheiro.** ['nau mɛ 'rɛʃta nɛɲ'ũ diɲ'ɛjru]
J'ai perdu mon …	**Eu perdi …** ['eu pɛrd'i …]
On m'a volé mon …	**Roubaram-me …** [rob'araumɛ …]
passeport	**o meu passaporte** [u 'meu pasap'ɔrtɛ]
portefeuille	**a minha carteira** [a 'miɲa kart'ɛjra]
papiers	**os meus papéis** ['meuʃ pap'ɛjʃ]
billet	**o meu bilhete** [u 'meu biʎ'etɛ]
argent	**o dinheiro** [u diɲ'ɛjru]
sac à main	**a minha mala** [a 'miɲa 'mala]
appareil photo	**a minha câmara** [a 'miɲa 'kamara]
portable	**o meu computador** [u 'meu kõputad'or]
ma tablette	**o meu tablet** [u 'meu tabl'et]
mobile	**o meu telemóvel** [u 'meu tɛlɛm'ɔvɛl]
Au secours!	**Ajude-me!** [aʒ'udɛmɛ!]
Qu'est-il arrivé?	**O que é que aconteceu?** [u kɛ ɛ kɛ akõtɛs'eu?]
un incendie	**fogo** [f'ogu]
des coups de feu	**tiroteio** [tirut'ɛju]

un meurtre	**assassínio** [asas'iniu]
une explosion	**explosão** [ɛʃpluz'au]
une bagarre	**briga** [br'iga]

Appelez la police!	**Chame a polícia!** ['ʃamɛ a pul'isia!]
Dépêchez-vous, s'il vous plaît!	**Mais depressa, por favor!** ['maiʃ dɛpr'ɛsa, pur fav'or!]
Je cherche le commissariat de police.	**Estou à procura de uma esquadra de polícia.** [ʃto a prɔk'ura dɛ 'uma ɛʃku'adra dɛ pul'isia]
Il me faut faire un appel.	**Preciso de telefonar.** [prɛs'izu dɛ tɛlɛfun'ar]
Puis-je utiliser votre téléphone?	**Posso telefonar?** ['pɔsu tɛlɛfun'ar?]

J'ai été …	**Fui …** [fui …]
agressé /agressée/	**assaltado /assaltada/** [asalt'adu /asalt'ada/]
volé /volée/	**roubado /roubada/** [rob'adu /rob'ada/]
violée	**violada** [viul'ada]
attaqué /attaquée/	**atacado /atacada/** [atak'adu /atak'ada/]

Est-ce que ça va?	**Está tudo bem consigo?** [ɛʃt'a 'tudu bɛj kõs'igu?]
Avez-vous vu qui c'était?	**Viu quem foi?** ['viu kɛj foj?]
Pourriez-vous reconnaître cette personne?	**Seria capaz de reconhecer a pessoa?** [sɛr'ia kap'aʃ dɛ rɛkuɲɛs'er a pɛs'oa?]
Vous êtes sûr?	**Tem a certeza?** [tɛj a sɛrt'eza?]

Calmez-vous, s'il vous plaît.	**Acalme-se, por favor.** [ak'almɛsɛ, pur fav'or]
Calmez-vous!	**Calma!** ['kalma!]
Ne vous inquiétez pas.	**Não se preocupe.** ['nau sɛ priɔk'upɛ]
Tout ira bien.	**Vai ficar tudo bem.** [vaj fik'ar 'tudu bɛj]
Ça va. Tout va bien.	**Está tudo em ordem.** [ɛʃt'a 'tudu ɛj 'ɔrdɛj]
Venez ici, s'il vous plaît.	**Chegue aqui, por favor.** ['ʃegɛ ak'l, pur fav'or]

J'ai des questions à vous poser.	**Tenho algumas questões a colocar-lhe.** ['tɛɲu alg'umaʃ kɛʃt'õjʃ a kuluk'arʎɛ]
Attendez un moment, s'il vous plaît.	**Aguarde um momento, por favor.** [agu'ardɛ ũ mum'ẽtu, pur fav'or]
Avez-vous une carte d'identité?	**Tem alguma identificação?** [tɛj alg'uma idẽtifikas'au?]
Merci. Vous pouvez partir maintenant.	**Obrigado. Pode ir.** [ɔbrig'adu. 'pɔdɛ ir]
Les mains derrière la tête!	**Mãos atrás da cabeça!** ['mauʃ atr'aʃ da kab'esa!]
Vous êtes arrêté!	**Você está preso!** [vɔs'e ɛʃt'a pr'ezu!]

Problèmes de santé

Aidez-moi, s'il vous plaît.	**Ajude-me, por favor.** [aʒ'udɛmɛ, pur fav'or]
Je ne me sens pas bien.	**Não me sinto bem.** ['nau mɛ 'sĩtu bɛj]
Mon mari ne se sent pas bien.	**O meu marido não se sente bem.** [u 'meu mar'idu 'nau sɛ 'sẽtɛ bɛj]
Mon fils ...	**O meu filho ...** [u 'meu 'fiʎu ...]
Mon père ...	**O meu pai ...** [u 'meu 'paj ...]
Ma femme ne se sent pas bien.	**A minha mulher não se sente bem.** [a 'miɲa muʎ'ɛr 'nau sɛ 'sẽtɛ bɛj]
Ma fille ...	**A minha filha ...** [a 'miɲa 'fiʎa ...]
Ma mère ...	**A minha mãe ...** [a 'miɲa 'mɛj ...]
J'ai mal ...	**Tenho uma ...** ['tɛɲu 'uma ...]
à la tête	**dor de cabeça** [dor dɛ kab'esa]
à la gorge	**dor de garganta** [dor dɛ garg'ãta]
à l'estomac	**dor de barriga** [dor dɛ bar'iga]
aux dents	**dor de dentes** [dor dɛ 'dẽtɛʃ]
J'ai le vertige.	**Estou com tonturas.** [ʃto kõ tõt'uraʃ]
Il a de la fièvre.	**Ele está com febre.** ['ɛle ɛʃt'a kõ 'fɛbrɛ]
Elle a de la fièvre.	**Ela está com febre.** ['ɛla ɛʃt'a kõ 'fɛbrɛ]
Je ne peux pas respirer.	**Não consigo respirar.** ['nau kõs'igu rɛʃpir'ar]
J'ai du mal à respirer.	**Estou a sufocar.** [ʃto a sufuk'ar]
Je suis asthmatique.	**Sou asmático /asmática/.** [so aʒm'atiku /aʒm'atika/]
Je suis diabétique.	**Sou diabético /diabética/.** [so diab'ɛtiku /diab'ɛtika/]

Je ne peux pas dormir.	**Estou com insónia.** [ʃto kõˈis'ɔnia]
intoxication alimentaire	**intoxicação alimentar** [itɔksikasˈau alimẽt'ar]

Ça fait mal ici.	**Dói aqui.** [dɔj ak'i]
Aidez-moi!	**Ajude-me!** [aʒ'udɛmɛ!]
Je suis ici!	**Estou aqui!** [ʃto ak'i!]
Nous sommes ici!	**Estamos aqui!** [ɛʃt'amuʃ ak'i!]
Sortez-moi d'ici!	**Tirem-me daqui!** ['tirɛjmɛ dak'i!]
J'ai besoin d'un docteur.	**Preciso de um médico.** [prɛs'izu dɛ ũ 'mɛdiku]
Je ne peux pas bouger!	**Não me consigo mexer.** ['nau mɛ kõs'igu mɛʃ'er]
Je ne peux pas bouger mes jambes.	**Não consigo mover as pernas.** ['nau kõs'igu muv'er aʃ 'pɛrnaʃ]

Je suis blessé /blessée/	**Estou ferido.** [ʃto fɛr'idu]
Est-ce que c'est sérieux?	**É grave?** [ɛ gr'avɛ?]
Mes papiers sont dans ma poche.	**Tenho os documentos no bolso.** ['tɛɲu uʃ dukum'ẽtuʃ nu 'bolsu]
Calmez-vous!	**Acalme-se!** [ak'almɛsɛ!]
Puis-je utiliser votre téléphone?	**Posso telefonar?** ['pɔsu tɛlɛfun'ar?]

Appelez une ambulance!	**Chame a ambulância!** ['ʃamɛ a ãbul'ãsia!]
C'est urgent!	**É urgente!** [ɛ urʒ'ẽtɛ!]
C'est une urgence!	**É uma emergência!** [ɛ 'uma emɛrʒ'ẽsia!]
Dépêchez-vous, s'il vous plaît!	**Mais depressa, por favor!** ['maiʃ dɛpr'ɛsa, pur fav'or!]
Appelez le docteur, s'il vous plaît.	**Chame o médico, por favor.** ['ʃamɛ u 'mɛdiku, pur fav'or]
Où est l'hôpital?	**Onde fica o hospital?** ['õdɛ 'fika u ɔʃpit'al?]

Comment vous sentez-vous?	**Como se sente?** ['komu sɛ 'sẽtɛ?]
Est-ce que ça va?	**Está tudo bem consigo?** [ɛʃt'a 'tudu bɛj kõs'igu?]
Qu'est-il arrivé?	**O que é que aconteceu?** [u kɛ ɛ kɛ akõtɛs'eu?]

Je me sens mieux maintenant.

Já me sinto melhor.
[ʒa mɛ 'sĩtu mɛʎ'ɔr]

Ça va. Tout va bien.

Está tudo em ordem.
[ɛʃt'a 'tudu ɐj 'ɔrdɐj]

Ça va.

Tubo bem.
['tubu bɐj]

À la pharmacie

pharmacie	**farmácia** [farm'asia]
pharmacie 24 heures	**farmácia de serviço** [farm'asia dɛ sɛrv'isu]
Où se trouve la pharmacie la plus proche?	**Onde fica a farmácia mais próxima?** ['õdɛ 'fika a farm'asia 'maiʃ pr'ɔsima?]
Est-elle ouverte en ce moment?	**Está aberto agora?** [ɛʃt'a ab'ɛrtu ag'ɔra?]
À quelle heure ouvre-t-elle?	**A que horas abre?** [a kɛ 'ɔraʃ 'abrɛ?]
à quelle heure ferme-t-elle?	**A que horas fecha?** [a kɛ 'ɔraʃ 'faʃa?]
C'est loin?	**Fica longe?** [f'ika 'lõʒɛ?]
Est-ce que je peux y aller à pied?	**Posso ir até lá a pé?** ['pɔsu ir atɛ la a pɛ?]
Pouvez-vous me le montrer sur la carte?	**Pode-me mostrar no mapa?** ['pɔdɛmɛ muʃtr'ar nu 'mapa?]
Pouvez-vous me donner quelque chose contre …	**Por favor dê-me algo para …** [pur fav'or 'demɛ 'algu 'para …]
le mal de tête	**as dores de cabeça** [aʃ 'dorɛʃ dɛ kab'esa]
la toux	**a tosse** [a 'tɔsɛ]
le rhume	**o resfriado** [u ʀeʃfri'adu]
la grippe	**a gripe** [a gr'ipɛ]
la fièvre	**a febre** [a 'fɛbrɛ]
un mal d'estomac	**uma dor de estômago** ['uma dor dɛ ɛʃt'omagu]
la nausée	**as náuseas** [aʃ 'nauziaʃ]
la diarrhée	**a diarreia** [a diar'ɛja]
la constipation	**a constipação** [a kõʃtipas'au]
un mal de dos	**as dores nas costas** [aʃ 'dorɛʃ naʃ 'kɔʃtaʃ]

les douleurs de poitrine	**as dores no peito** [aʃ 'dorɛʃ nu 'pɐjtu]
les points de côté	**a sutura** [a sut'ura]
les douleurs abdominales	**as dores abdominais** [aʃ 'dorɛʃ abdumin'ajʃ]
une pilule	**comprimido** [kõprim'idu]
un onguent, une crème	**unguento, creme** [ũgu'ẽtu, kr'ɛmɛ]
un sirop	**xarope** [ʃar'ɔp]
un spray	**spray** [spr'aj]
les gouttes	**gotas** ['gotaʃ]
Vous devez allez à l'hôpital.	**Você precisa de ir ao hospital.** [vɔs'e prɛs'iza dɛ ir 'au ɔʃpit'al]
assurance maladie	**seguro de saúde** [sɛg'uru dɛ sa'udɛ]
prescription	**prescrição** [prɛʃkris'au]
produit anti-insecte	**repelente de insetos** [rɛpɛl'ẽtɛ dɛ ĩs'ɛtuʃ]
bandages adhésifs	**penso rápido** ['pẽsu 'rapidu]

Les essentiels

Excusez-moi, …   **Desculpe, …**
                                                   [dɛʃk'ulpɛ, …]

Bonjour   **Olá!**
                                                   [ɔl'a!]

Merci   **Obrigado /Obrigada/.**
                                                   [ɔbrig'adu /ɔbrig'ada/]

Au revoir   **Adeus.**
                                                   [ad'euʃ]

Oui   **Sim.**
                                                   [sĩ]

Non   **Não.**
                                                   ['nau]

Je ne sais pas.   **Não sei.**
                                                   ['nau sɛj]

Où? (~ es-tu?) | Où? (~ vas-tu?) | **Onde? | Para onde? | Quando?**
Quand?   ['õdɛ? | 'para 'õdɛ? | ku'ãdu?]

J'ai besoin de …   **Preciso de …**
                                                   [prɛs'izu dɛ …]

Je veux …   **Eu queria …**
                                                   ['eu kɛr'ia …]

Avez-vous … ?   **Tem …?**
                                                   [tɛj …?]

Est-ce qu'il y a … ici?   **Há aqui …?**
                                                   ['a ak'i …?]

Puis-je … ?   **Posso …?**
                                                   ['pɔsu …?]

s'il vous plaît (pour une demande)   **…, por favor**
                                                   […, pur fav'or]

Je cherche …   **Estou à procura de …**
                                                   [ʃto a prɔk'ura dɛ …]

les toilettes   **casa de banho**
                                                   ['kaza dɛ 'baɲu]

un distributeur   **Multibanco**
                                                   [multib'ãku]

une pharmacie   **farmácia**
                                                   [farm'asia]

l'hôpital   **hospital**
                                                   [ɔʃpit'al]

le commissariat de police   **esquadra de polícia**
                                                   [ɛʃku'adra dɛ pul'isia]

une station de métro   **metro**
                                                   ['mɛtru]

un taxi	**táxi** ['taksi]
la gare	**estação de comboio** [εʃtas'au dε kõb'ɔju]

Je m'appelle …	**Chamo-me …** ['ʃamumε …]
Comment vous appelez-vous?	**Como se chama?** ['komu sε ʃ'ama?]
Aidez-moi, s'il vous plaît.	**Pode-me dar uma ajuda?** ['pɔdεmε dar 'uma aʒ'uda?]
J'ai un problème.	**Tenho um problema.** ['tεɲu ũ prubl'ema]
Je ne me sens pas bien.	**Não me sinto bem.** ['nau mε 'sĩtu bεj]
Appelez une ambulance!	**Chame a ambulância!** ['ʃamε a ãbul'ãsia!]
Puis-je faire un appel?	**Posso fazer uma chamada?** ['pɔsu faz'er 'uma ʃam'ada?]

Excusez-moi.	**Desculpe.** [dεʃk'ulpε]
Je vous en prie.	**De nada.** [dε 'nada]

je, moi	**eu** ['eu]
tu, toi	**tu** [tu]
il	**ele** ['εlε]
elle	**ela** ['εla]
ils	**eles** ['εleʃ]
elles	**elas** ['εlaʃ]
nous	**nós** [nɔʃ]
vous	**vocês** [vɔs'eʃ]
Vous	**você** [vɔs'e]

ENTRÉE	**ENTRADA** [ẽtr'ada]
SORTIE	**SAÍDA** [sa'ida]
HORS SERVICE | EN PANNE	**FORA DE SERVIÇO** [f'ora dε sεrv'isu]
FERMÉ	**FECHADO** [fεʃ'adu]

OUVERT

ABERTO
[ab'ɛrtu]

POUR LES FEMMES

PARA SENHORAS
['para sɛɲ'oraʃ]

POUR LES HOMMES

PARA HOMENS
['para 'ɔmɛjʃ]

VOCABULAIRE THÉMATIQUE

Cette section contient plus de 3000 des mots les plus importants. Le dictionnaire sera d'une aide indispensable lors de voyages à l'étranger puisque les mots individuels sont souvent assez pour être compris. Le dictionnaire comprend une transcription utile de chaque mot

T&P Books Publishing

CONTENU DU DICTIONNAIRE

T&P Books Publishing

T&P BOOKS

CONCEPTS DE BASE

T&P Books Publishing

1. Les pronoms

je	**eu**	['eu]
tu	**tu**	[tu]
il	**ele**	['ɛlə]
elle	**ela**	['ɛlɐ]
nous	**nós**	[nɔʃ]
vous	**vocês**	[vɔ'seʃ]
ils	**eles**	['ɛləʃ]
elles	**elas**	['ɛlɐʃ]

2. Adresser des vœux. Se dire bonjour

Bonjour! (fam.)	**Olá!**	[ɔ'la]
Bonjour! (form.)	**Bom dia!**	[bõ 'diɐ]
Bonjour! (le matin)	**Bom dia!**	[bõ 'diɐ]
Bonjour! (après-midi)	**Boa tarde!**	['boɐ 'tardə]
Bonsoir!	**Boa noite!**	['boɐ 'nojtə]
dire bonjour	**cumprimentar** (vt)	[kũprimẽ'tar]
Salut!	**Olá!**	[ɔ'la]
salut (m)	**saudação** (f)	[sɐudɐ'sãu]
saluer (vt)	**saudar** (vt)	[sɐu'dar]
Comment allez-vous?	**Como vai?**	['komu 'vaj]
Comment ça va?	**Como vais?**	['komu 'vaɪʃ]
Quoi de neuf?	**O que há de novo?**	[ukə a də 'novu]
Au revoir!	**Até à vista!**	[ɐ'tɛ a 'viʃtə]
À bientôt!	**Até breve!**	[ɐ'tɛ 'brɛvə]
Adieu!	**Adeus!**	[ɐ'deuʃ]
dire au revoir	**despedir-se** (vr)	[dəʃpə'dirsə]
Salut! (À bientôt!)	**Até logo!**	[ɐ'tɛ 'lɔgu]
Merci!	**Obrigado! -a!**	[ɔbri'gadu, -ɐ]
Merci beaucoup!	**Muito obrigado! -a!**	['mujtu ɔbri'gadu, -ɐ]
Je vous en prie	**De nada**	[də 'nadə]
Il n'y a pas de quoi	**Não tem de quê**	['nãu tẽj də 'ke]
Pas de quoi	**De nada**	[də 'nadə]
Excuse-moi!	**Desculpa!**	[də'ʃkulpɐ]
Excusez-moi!	**Desculpe!**	[də'ʃkulpə]
excuser (vt)	**desculpar** (vt)	[dəʃkul'par]

s'excuser (vp)	desculpar-se (vr)	[dəʃkul'parsə]
Mes excuses	As minhas desculpas	[eʃ 'miɲeʃ də'ʃkulpeʃ]
Pardonnez-moi!	Desculpe!	[də'ʃkulpə]
pardonner (vt)	perdoar (vt)	[pərdu'ar]
C'est pas grave	Não faz mal	['nãu faʃ 'mal]
s'il vous plaît	por favor	[pur fe'vor]
N'oubliez pas!	Não se esqueça!	['nãu sə ə'ʃkesɐ]
Bien sûr!	Certamente!	[sɛrte'mẽtə]
Bien sûr que non!	Claro que não!	['klaru kə 'nãu]
D'accord!	Está bem! De acordo!	[ə'ʃta bẽĩ], [də e'kordu]
Ça suffit!	Basta!	['baʃtə]

3. Les questions

Qui?	Quem?	[kẽĩ]
Quoi?	Que?	[ke]
Où? (~ es-tu?)	Onde?	['õdə]
Où? (~ vas-tu?)	Para onde?	['pere 'õdə]
D'où?	De onde?	[də 'õdə]
Quand?	Quando?	[ku'ãdu]
Pourquoi? (~ es-tu venu?)	Para quê?	['pere ke]
Pourquoi? (~ t'es pâle?)	Porquê?	[pur'ke]
À quoi bon?	Para quê?	['pere ke]
Comment?	Como?	['komu]
Quel? (à ~ prix?)	Qual?	[ku'al]
Lequel?	Qual?	[ku'al]
À qui? (pour qui?)	A quem?	[ɐ kẽĩ]
De qui?	De quem?	[də kẽĩ]
De quoi?	Do quê?	[du ke]
Avec qui?	Com quem?	[kõ kẽĩ]
Combien? (dénombr.)	Quantos? -as?	[ku'ãtuʃ, -eʃ]
Combien? (indénombr.)	Quanto?	[ku'ãtu]
À qui? (~ est ce livre?)	De quem?	[də kẽĩ]

4. Les prépositions

avec (~ toi)	com ...	[kõ]
sans (~ sucre)	sem	[sẽĩ]
à (aller ~ ...)	a ..., para ...	[ɐ], ['pere]
de (au sujet de)	sobre ...	['sobrə]
avant (~ midi)	antes de ...	['ãteʃ də]
devant (~ la maison)	diante de ...	[di'ãte də]
sous (~ la commode)	debaixo de ...	[də'baɪʃu də]
au-dessus de ...	sobre ..., em cima de ...	['sobrə], [ẽ 'sime də]

sur (dessus)	em ..., sobre ...	[ẽ], ['sobrə]
de (venir ~ Paris)	de ...	[də]
en (en bois, etc.)	de ...	[də]
dans (~ deux heures)	dentro de ...	['dẽtru də]
par dessus	por cima de ...	[pur 'simɐ də]

5. Les mots-outils. Les adverbes. Partie 1

Où? (~ es-tu?)	Onde?	['õdə]
ici (c'est ~)	aqui	[ɐ'ki]
là-bas (c'est ~)	lá, ali	[la], [ɐ'li]
quelque part (être)	em algum lugar	[ɛn al'gũ lu'gar]
nulle part (adv)	em lugar nenhum	[ẽ lu'gar nə'ɲũ]
près de ...	ao pé de ...	['au pɛ də]
près de la fenêtre	ao pé da janela	['au pɛ də ʒɐ'nɛlɐ]
Où? (~ vas-tu?)	Para onde?	['pɐɾɐ 'õdə]
ici (Venez ~)	para cá	['pɐɾɐ ka]
là-bas (j'irai ~)	para lá	['pɐɾɐ la]
d'ici (adv)	daqui	[dɐ'ki]
de là-bas (adv)	de lá, dali	[də la], [dɐ'li]
près (pas loin)	perto	['pɛrtu]
loin (adv)	longe	['lõʒə]
près de (~ Paris)	perto de ...	['pɛrtu də]
tout près (adv)	ao lado de	[au 'ladu də]
pas loin (adv)	perto, não fica longe	['pɛrtu], ['nãu 'fikɐ 'lõʒə]
gauche (adj)	esquerdo	[ə'ʃkerdu]
à gauche (être ~)	à esquerda	[a ə'ʃkerdɐ]
à gauche (tournez ~)	para esquerda	['pɐɾɐ ə'ʃkerdɐ]
droit (adj)	direito	[di'rejtu]
à droite (être ~)	à direita	[a di'rejtɐ]
à droite (tournez ~)	para direita	['pɐɾɐ di'rejtɐ]
devant (adv)	adiante, à frente	[ɐdi'ãtə], [a 'frẽtə]
de devant (adj)	da frente	[də 'frẽtə]
en avant (adv)	para a frente	['pɐɾɐ a 'frẽtə]
derrière (adv)	atrás de ...	[ɐ'traʃ də]
par derrière (adv)	por detrás	[pur de'traʃ]
en arrière (regarder ~)	para trás	['pɐɾɐ 'traʃ]
milieu (m)	meio (m), metade (f)	['mɐju], [mə'tadə]
au milieu (adv)	no meio	[nu 'mɐju]

de côté (vue ~)	de lado	[də 'ladu]
partout (adv)	em todo lugar	[ãn 'todu lu'gar]
autour (adv)	ao redor	['au ʀə'dɔr]
de l'intérieur	de dentro	[də 'dẽtru]
quelque part (aller)	para algum lugar	['peʀɐ al'gũ lu'gar]
tout droit (adv)	diretamente	[dirɛtɐ'mẽtə]
en arrière (revenir ~)	de volta	['paʀɐ 'traʃ]
de quelque part (n'import d'où)	de algum lugar	[də al'gũ lu'gar]
de quelque part (on ne sait pas d'où)	de algum lugar	[də al'gũ lu'gar]
premièrement (adv)	em primeiro lugar	[ẽ pri'mejru lu'gar]
deuxièmement (adv)	em segundo lugar	[ẽ sə'gũdu lu'gar]
troisièmement (adv)	em terceiro lugar	[ẽ tər'sejru lu'gar]
soudain (adv)	de súbito, de repente	[də 'subitu], [də ʀə'pẽtə]
au début (adv)	no início	[nu i'nisiu]
pour la première fois	pela primeira vez	['pelɐ pri'mejɾɐ 'veʒ]
bien avant ...	muito antes de ...	['mujtu 'ãtəʃ də]
de nouveau (adv)	de novo	[də 'novu]
pour toujours (adv)	para sempre	['peʀɐ 'sẽprɐ]
jamais (adv)	nunca	['nũkɐ]
de nouveau, encore (adv)	de novo	[də 'novu]
maintenant (adv)	agora	[ɐ'gɔrɐ]
souvent (adv)	frequentemente	[frəkuẽtɐ'mẽtə]
alors (adv)	então	[ẽ'tãu]
d'urgence (adv)	urgentemente	[urʒẽtɐ'mẽtə]
d'habitude (adv)	usualmente	[uzual'mẽtə]
à propos, ...	a propósito, ...	[ɐ pru'pɔzitu]
c'est possible	é possível	[ɛ pu'siveł]
probablement (adv)	provavelmente	[pruvavɛl'mẽtə]
peut-être (adv)	talvez	[tal've3]
en plus, ...	além disso, ...	[a'lẽ⁽ʲ⁾ 'disu]
c'est pourquoi ...	por isso ...	[pur 'isu]
malgré ...	apesar de ...	[ɐpɐ'zar də]
grâce à ...	graças a ...	['grasɐʃ ɐ]
quoi (pron)	que	[kə]
que (conj)	que	[kə]
quelque chose (Il m'est arrivé ~)	algo	[algu]
quelque chose (peut-on faire ~)	alguma coisa	[al'gumɐ 'kojzɐ]
rien (m)	nada	['nadɐ]
qui (pron)	quem	[kẽ⁽ʲ⁾]
quelqu'un (on ne sait pas qui)	alguém	[al'gẽ⁽ʲ⁾]

quelqu'un (n'importe qui)	alguém	[al'gẽĵ]
personne (pron)	ninguém	[nĩ'gẽĵ]
nulle part (aller ~)	para lugar nenhum	['pɐɾɐ lu'gar nə'ɲũ]
de personne	de ninguém	[də nĩ'gẽĵ]
de n'importe qui	de alguém	[də al'gẽĵ]

comme ça (adv)	tão	['tãu]
également (adv)	também	[tã'bẽĵ]
aussi (adv)	também	[tã'bẽĵ]

6. Les mots-outils. Les adverbes. Partie 2

Pourquoi?	Porquê?	[pur'ke]
pour une certaine raison	por alguma razão	[pur al'gumɐ ʀɐ'zãu]
parce que …	porque …	['purkə]
pour une raison quelconque	por qualquer razão	['pur kual'kɛr ʀɐ'zãw]

et (conj)	e	[i]
ou (conj)	ou	['ou]
mais (conj)	mas	[mɐʃ]
pour … (prep)	para	['pɐɾɐ]

trop (adv)	demasiado, muito	[dəmɐzi'adu], ['mujtu]
seulement (adv)	só, somente	[sɔ], [sɔ'mẽtə]
précisément (adv)	exatamente	[ezatɐ'mẽtə]
près de … (prep)	cerca de …	['serkɐ də]

approximativement	aproximadamente	[ɐpɾɔsimadɐ'mẽtə]
approximatif (adj)	aproximado	[ɐpɾɔsi'madu]
presque (adv)	quase	[ku'azə]
reste (m)	resto (m)	['ʀɛʃtu]

l'autre (adj)	o outro	[u 'otru]
autre (adj)	outro	['otru]
chaque (adj)	cada	['kɐdɐ]
n'importe quel (adj)	qualquer	[kua'lkɛr]
beaucoup de (dénombr.)	muitos, muitas	['mujtuʃ], ['mujtɐʃ]
beaucoup de (indénombr.)	muito	['mujtu]
plusieurs (pron)	muitas pessoas	['mujtɐʃ pə'soɐʃ]
tous	todos	['toduʃ]

en échange de …	em troca de …	[ẽ 'trɔkɐ də]
en échange (adv)	em troca	[ẽ 'trɔkɐ]
à la main (adv)	à mão	[a 'mãu]
peu probable (adj)	pouco provável	['poku pru'vavɛl]

probablement (adv)	provavelmente	[pruvavɛl'mẽtə]
exprès (adv)	de propósito	[də pru'pɔzitu]
par accident (adv)	por acidente	[pur ɐsi'dẽtə]

très (adv)	**muito**	['mujtu]
par exemple (adv)	**por exemplo**	[pur e'zẽplu]
entre (prep)	**entre**	['ẽtrə]
parmi (prep)	**entre, no meio de ...**	['ẽtrə], [nu 'mɐju də]
autant (adv)	**tanto**	['tãtu]
surtout (adv)	**especialmente**	[əʃpəsjal'mẽtə]

NOMBRES. DIVERS

T&P Books Publishing

zéro	**zero**	['zɛru]
un	**um**	[ũ]
deux	**dois**	['doɪʃ]
trois	**três**	[treʃ]
quatre	**quatro**	[ku'atru]
cinq	**cinco**	['sĩku]
six	**seis**	['sɐɪʃ]
sept	**sete**	['sɛtə]
huit	**oito**	['ojtu]
neuf	**nove**	['nɔvə]
dix	**dez**	[dɛʒ]
onze	**onze**	['õzə]
douze	**doze**	['dozə]
treize	**treze**	['trezə]
quatorze	**catorze**	[kɐ'torzə]
quinze	**quinze**	['kĩzə]
seize	**dezasseis**	[dəzɐ'sɐɪʃ]
dix-sept	**dezassete**	[dəzɐ'sɛtə]
dix-huit	**dezoito**	[də'zɔjtu]
dix-neuf	**dezanove**	[dəzɐ'nɔvə]
vingt	**vinte**	['vĩtə]
vingt et un	**vinte e um**	['vĩtə i 'ũ]
vingt-deux	**vinte e dois**	['vĩtə i 'doɪʃ]
vingt-trois	**vinte e três**	['vĩtə i 'treʃ]
trente	**trinta**	['trĩtɐ]
trente et un	**trinta e um**	['trĩtɐ i 'ũ]
trente-deux	**trinta e dois**	['trĩtɐ i 'doɪʃ]
trente-trois	**trinta e três**	['trĩtɐ i 'treʃ]
quarante	**quarenta**	[kuɐ'rẽtɐ]
quarante et un	**quarenta e um**	[kuɐ'rẽtɐ i 'ũ]
quarante-deux	**quarenta e dois**	[kuɐ'rẽtɐ i 'doɪʃ]
quarante-trois	**quarenta e três**	[kuɐ'rẽtɐ i 'treʃ]
cinquante	**cinquenta**	[sĩku'ẽtɐ]
cinquante et un	**cinquenta e um**	[sĩku'ẽtɐ i 'ũ]
cinquante-deux	**cinquenta e dois**	[sĩku'ẽtɐ i 'doɪʃ]
cinquante-trois	**cinquenta e três**	[sĩku'ẽtɐ i 'treʃ]
soixante	**sessenta**	[sə'sẽtɐ]

soixante et un	sessenta e um	[sə'sẽtɐ i 'ũ]
soixante-deux	sessenta e dois	[sə'sẽtɐ i 'doɪʃ]
soixante-trois	sessenta e três	[sə'sẽtɐ i 'treʃ]

soixante-dix	setenta	[sə'tẽtɐ]
soixante et onze	setenta e um	[sə'tẽtɐ i 'ũ]
soixante-douze	setenta e dois	[sə'tẽtɐ i 'doɪʃ]
soixante-treize	setenta e três	[sə'tẽtɐ i 'treʃ]

quatre-vingts	oitenta	[oj'tẽtɐ]
quatre-vingt et un	oitenta e um	[oj'tẽtɐ i 'ũ]
quatre-vingt deux	oitenta e dois	[oj'tẽtɐ i 'doɪʃ]
quatre-vingt trois	oitenta e três	[oj'tẽtɐ i 'treʃ]

quatre-vingt-dix	noventa	[nu'vẽtɐ]
quatre-vingt et onze	noventa e um	[nu'vẽtɐ i 'ũ]
quatre-vingt-douze	noventa e dois	[nu'vẽtɐ i 'doɪʃ]
quatre-vingt-treize	noventa e três	[nu'vẽtɐ i 'treʃ]

8. Les nombres cardinaux. Partie 2

cent	cem	[sẽ]
deux cents	duzentos	[du'zẽtuʃ]
trois cents	trezentos	[trə'zẽtuʃ]
quatre cents	quatrocentos	[kuatru'sẽtuʃ]
cinq cents	quinhentos	[ki'ɲẽtuʃ]

six cents	seiscentos	[seɪ'ʃẽtuʃ]
sept cents	setecentos	[sɛtə'sẽtuʃ]
huit cents	oitocentos	[ojtu'sẽtuʃ]
neuf cents	novecentos	[nɔvə'sẽtuʃ]

mille	mil	[mil]
deux mille	dois mil	['doɪʃ mil]
trois mille	três mil	['treʃ mil]
dix mille	dez mil	['dɛʒ mil]
cent mille	cem mil	[sẽ mil]
million (m)	um milhão	[ũ mi'ʎãu]
milliard (m)	mil milhões	[mil mi'ʎoɪʃ]

9. Les nombres ordinaux

premier (adj)	primeiro	[pri'mejru]
deuxième (adj)	segundo	[sə'gũdu]
troisième (adj)	terceiro	[ter'sejru]
quatrième (adj)	quarto	[ku'artu]
cinquième (adj)	quinto	['kĩtu]
sixième (adj)	sexto	['seʃtu]

septième (adj)	**sétimo**	['sɛtimu]
huitième (adj)	**oitavo**	[oj'tavu]
neuvième (adj)	**nono**	['nonu]
dixième (adj)	**décimo**	['dɛsimu]

T&P BOOKS

LES COULEURS.
LES UNITÉS DE MESURE

T&P Books Publishing

10. Les couleurs

couleur (f)	**cor** (f)	[kor]
teinte (f)	**matiz** (m)	[mɐ'tiʒ]
ton (m)	**tom** (m)	[tõ]
arc-en-ciel (m)	**arco-íris** (m)	['arku 'iriʃ]
blanc (adj)	**branco**	['brãku]
noir (adj)	**preto**	['pretu]
gris (adj)	**cinzento**	[sĩ'zẽtu]
vert (adj)	**verde**	['verdə]
jaune (adj)	**amarelo**	[ɐmɐ'rɛlu]
rouge (adj)	**vermelho**	[vɐr'meʎu]
bleu (adj)	**azul**	[ɐ'zul]
bleu clair (adj)	**azul claro**	[ɐ'zul 'klaru]
rose (adj)	**rosa**	['ʀɔzɐ]
orange (adj)	**laranja**	[lɐ'rãʒɐ]
violet (adj)	**violeta**	[viu'letɐ]
brun (adj)	**castanho**	[kɐ'ʃtɐɲu]
d'or (adj)	**dourado**	[do'radu]
argenté (adj)	**prateado**	[prɐ'tjadu]
beige (adj)	**bege**	['bɛʒə]
crème (adj)	**creme**	['krɛmə]
turquoise (adj)	**turquesa**	[tur'kezɐ]
rouge cerise (adj)	**vermelho cereja**	[vɐr'meʎu sə'reʒɐ]
lilas (adj)	**lilás**	[li'laʃ]
framboise (adj)	**carmesim**	[kɐrmə'zĩ]
clair (adj)	**claro**	['klaru]
foncé (adj)	**escuro**	[ə'ʃkuru]
vif (adj)	**vivo**	['vivu]
de couleur (adj)	**de cor**	[də kor]
en couleurs (adj)	**a cores**	[ɐ 'korəʃ]
noir et blanc (adj)	**preto e branco**	['pretu i 'brãku]
unicolore (adj)	**unicolor**	[uniku'lor]
multicolore (adj)	**multicor, multicolor**	[multi'kor], [multiku'lor]

11. Les unités de mesure

poids (m)	**peso** (m)	['pezu]
longueur (f)	**comprimento** (m)	[kõpri'mẽtu]

largeur (f)	largura (f)	[lɐr'gurɐ]
hauteur (f)	altura (f)	[al'turɐ]
profondeur (f)	profundidade (f)	[prufũdi'dadə]
volume (m)	volume (m)	[vu'lumə]
aire (f)	área (f)	['ariɐ]

gramme (m)	grama (m)	['grɐmɐ]
milligramme (m)	miligrama (m)	[mili'grɐmɐ]
kilogramme (m)	quilograma (m)	[kilu'grɐmɐ]
tonne (f)	tonelada (f)	[tunə'ladə]
livre (f)	libra (f)	['librɐ]
once (f)	onça (f)	['õsɐ]

mètre (m)	metro (m)	['mɛtru]
millimètre (m)	milímetro (m)	[mi'limətru]
centimètre (m)	centímetro (m)	[sẽ'timətru]
kilomètre (m)	quilómetro (m)	[ki'lɔmətru]
mille (m)	milha (f)	['miʎɐ]

pouce (m)	polegada (f)	[pulə'gadɐ]
pied (m)	pé (m)	[pɛ]
yard (m)	jarda (f)	['ʒardɐ]

mètre (m) carré	metro (m) quadrado	['mɛtru kuɐ'dradu]
hectare (m)	hectare (m)	[ɛ'ktarə]
litre (m)	litro (m)	['litru]
degré (m)	grau (m)	['grau]
volt (m)	volt (m)	['vɔltə]
ampère (m)	ampere (m)	[ã'pɛrə]
cheval-vapeur (m)	cavalo-vapor (m)	[kɐ'valu vɐ'por]

quantité (f)	quantidade (f)	[kuãti'dadə]
un peu de ...	um pouco de ...	[ũ 'poku də]
moitié (f)	metade (f)	[mə'tadə]
douzaine (f)	dúzia (f)	['duziɐ]
pièce (f)	peça (f)	['pɛsɐ]

| dimension (f) | dimensão (f) | [dimẽ'sãu] |
| échelle (f) (de la carte) | escala (f) | [ə'ʃkalə] |

minimal (adj)	mínimo	['minimu]
le plus petit (adj)	menor, mais pequeno	[mə'nɔr], ['maɪʃ pə'kenu]
moyen (adj)	médio	['mɛdiu]
maximal (adj)	máximo	['masimu]
le plus grand (adj)	maior, mais grande	[mɐ'jɔr], ['maɪʃ 'grãdə]

12. Les récipients

| bocal (m) en verre | boião (m) de vidro | [bo'jãu də 'vidru] |
| boîte, canette (f) | lata (f) | ['latɐ] |

seau (m)	**balde** (m)	['baldə]
tonneau (m)	**barril** (m)	[bɐ'ʀil]
bassine, cuvette (f)	**bacia** (f)	[bɐ'siɐ]
cuve (f)	**tanque** (m)	['tãkə]
flasque (f)	**cantil** (m) **de bolso**	[kã'til de 'bolsu]
jerrican (m)	**bidão** (m) **de gasolina**	[bi'dãu də gɐzu'linɐ]
citerne (f)	**cisterna** (f)	[si'ʃtɛrnɐ]
tasse (f), mug (m)	**caneca** (f)	[kɐ'nɛkɐ]
tasse (f)	**chávena** (f)	['ʃavɐnɐ]
soucoupe (f)	**pires** (m)	['pirəʃ]
verre (m) (~ d'eau)	**copo** (m)	['kɔpu]
verre (m) à vin	**taça** (f) **de vinho**	['tasɐ də 'viɲu]
faitout (m)	**panela, caçarola** (f)	[pɐ'nɛlɐ], [kɐsɐ'rɔlɐ]
bouteille (f)	**garrafa** (f)	[gɐ'ʀafɐ]
goulot (m)	**gargalo** (m)	[gɐr'galu]
carafe (f)	**garrafa** (f)	[gɐ'ʀafɐ]
pichet (m)	**jarro** (m)	['ʒaʀu]
récipient (m)	**recipiente** (m)	[ʀəsipi'ẽtə]
pot (m)	**pote** (m)	['pɔtə]
vase (m)	**vaso** (m), **jarra** (f)	['vazu], ['ʒaʀɐ]
flacon (m)	**frasco** (m)	['fraʃku]
fiole (f)	**frasquinho** (m)	[frɐ'ʃkiɲu]
tube (m)	**tubo** (m)	['tubu]
sac (m) (grand ~)	**saca** (f)	['sakɐ]
sac (m) (~ en plastique)	**saco** (m)	['saku]
paquet (m) (~ de cigarettes)	**maço** (m)	['masu]
boîte (f)	**caixa** (f)	['kaɪʃɐ]
caisse (f)	**caixa** (f)	['kaɪʃɐ]
panier (m)	**cesto** (m), **cesta** (f)	['seʃtu], ['seʃtɐ]

LES VERBES
LES PLUS IMPORTANTS

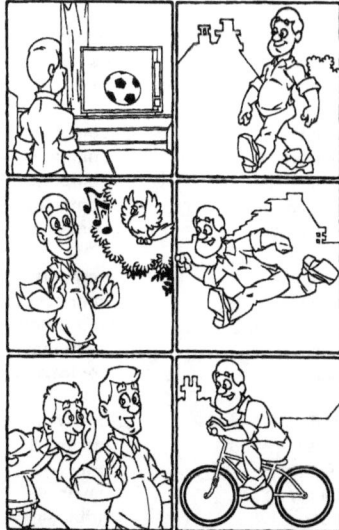

T&P Books Publishing

13. Les verbes les plus importants. Partie 1

aider (vt)	**ajudar** (vt)	[ɐʒu'dar]
aimer (qn)	**amar** (vt)	[ɐ'mar]
aller (à pied)	**ir** (vi)	[ir]
apercevoir (vt)	**perceber** (vt)	[pərsə'ber]
appartenir à …	**pertencer a …**	[pərtẽ'ser ɐ]
appeler (au secours)	**chamar** (vt)	[ʃɐ'mar]
attendre (vt)	**esperar** (vt)	[əʃpɐ'rar]
attraper (vt)	**apanhar** (vt)	[ɐpɐ'ɲar]
avertir (vt)	**advertir** (vt)	[ɐdvər'tir]
avoir (vt)	**ter** (vt)	[ter]
avoir confiance	**confiar** (vt)	[kõ'fjar]
avoir faim	**ter fome**	[ter 'fɔmə]
avoir peur	**ter medo**	[ter 'medu]
avoir soif	**ter sede**	[ter 'sedə]
cacher (vt)	**esconder** (vt)	[əʃkõ'der]
casser (briser)	**quebrar** (vt)	[kə'brar]
cesser (vt)	**cessar** (vt)	[sə'sar]
changer (vt)	**mudar** (vt)	[mu'dar]
chasser (animaux)	**caçar** (vi)	[kɐ'sar]
chercher (vt)	**buscar** (vt)	[bu'ʃkar]
choisir (vt)	**escolher** (vt)	[əʃku'ʎer]
commander (~ le menu)	**pedir** (vt)	[pə'dir]
commencer (vt)	**começar** (vt)	[kumə'sar]
comparer (vt)	**comparar** (vt)	[kõpɐ'rar]
comprendre (vt)	**compreender** (vt)	[kõpriẽ'der]
compter (dénombrer)	**contar** (vt)	[kõ'tar]
compter sur …	**contar com …**	[kõ'tar kõ]
confondre (vt)	**confundir** (vt)	[kõfũ'dir]
connaître (qn)	**conhecer** (vt)	[kuɲə'ser]
conseiller (vt)	**aconselhar** (vt)	[ɐkõsə'ʎar]
continuer (vt)	**continuar** (vt)	[kõtinu'ar]
contrôler (vt)	**controlar** (vt)	[kõtru'lar]
courir (vi)	**correr** (vi)	[ku'ʀer]
coûter (vt)	**custar** (vt)	[ku'ʃtar]
créer (vt)	**criar** (vt)	[kri'ar]
creuser (vt)	**cavar** (vt)	[kɐ'var]
crier (vi)	**gritar** (vi)	[gri'tar]

14. Les verbes les plus importants. Partie 2

décorer (~ la maison)	decorar (vt)	[dəku'rar]
défendre (vt)	defender (vt)	[dəfẽ'der]
déjeuner (vi)	almoçar (vi)	[almu'sar]
demander (~ l'heure)	perguntar (vt)	[pərgũ'tar]
demander (de faire qch)	pedir (vt)	[pə'dir]
descendre (vi)	descer (vi)	[də'ʃser]
deviner (vt)	adivinhar (vt)	[ɐdivi'ɲar]
dîner (vi)	jantar (vi)	[ʒã'tar]
dire (vt)	dizer (vt)	[di'zer]
diriger (~ une usine)	dirigir (vt)	[diri'ʒir]
discuter (vt)	discutir (vt)	[diʃku'tir]
donner (vt)	dar (vt)	[dar]
donner un indice	dar uma dica	[dar 'umɐ 'dikɐ]
douter (vt)	duvidar (vt)	[duvi'dar]
écrire (vt)	escrever (vt)	[əʃkrə'ver]
entendre (bruit, etc.)	ouvir (vt)	[o'vir]
entrer (vi)	entrar (vi)	[ẽ'trar]
envoyer (vt)	enviar (vt)	[ẽ'vjar]
espérer (vi)	esperar (vt)	[əʃpə'rar]
essayer (vt)	tentar (vt)	[tẽ'tar]
être (~ fatigué)	estar (vi)	[ə'ʃtar]
être (~ médecin)	ser (vi)	[ser]
être d'accord	concordar (vi)	[kõkur'dar]
être nécessaire	ser necessário	[ser nəsə'sariu]
être pressé	apressar-se (vr)	[ɐprə'sarsə]
étudier (vt)	estudar (vt)	[əʃtu'dar]
excuser (vt)	desculpar (vt)	[dəʃkul'par]
exiger (vt)	exigir (vt)	[ezi'ʒir]
exister (vi)	existir (vi)	[ezi'ʃtir]
expliquer (vt)	explicar (vt)	[əʃpli'kar]
faire (vt)	fazer (vt)	[fɐ'zer]
faire tomber	deixar cair (vt)	[deɪ'ʃar kɐ'ir]
finir (vt)	acabar, terminar (vt)	[ɐkɐ'bar], [tərmi'nar]
garder (conserver)	guardar (vt)	[guɐr'dar]
gronder, réprimander (vt)	repreender (vt)	[ʀəpriẽ'der]
informer (vt)	informar (vt)	[ĩfur'mar]
insister (vi)	insistir (vi)	[ĩsi'ʃtir]
insulter (vt)	insultar (vt)	[ĩsul'tar]
inviter (vt)	convidar (vt)	[kõvi'dar]
jouer (s'amuser)	brincar, jogar (vi, vt)	[brĩ'kar], [ʒu'gar]

15.   Les verbes les plus importants. Partie 3

libérer (ville, etc.)	**libertar** (vt)	[libər'tar]
lire (vi, vt)	**ler** (vt)	[ler]
louer (prendre en location)	**alugar** (vt)	[ɐlu'gar]
manquer (l'école)	**faltar a …**	[fal'tar ɐ]
menacer (vt)	**ameaçar** (vt)	[ɐmiɐ'sar]
mentionner (vt)	**mencionar** (vt)	[mẽsiu'nar]
montrer (vt)	**mostrar** (vt)	[mu'ʃtrar]
nager (vi)	**nadar** (vi)	[nɐ'dar]
objecter (vt)	**objetar** (vt)	[ɔbʒɛ'tar]
observer (vt)	**observar** (vt)	[ɔbsər'var]
ordonner (mil.)	**ordenar** (vt)	[ɔrdə'nar]
oublier (vt)	**esquecer** (vt)	[əʃkɛ'ser]
ouvrir (vt)	**abrir** (vt)	[ɐ'brir]
pardonner (vt)	**perdoar** (vt)	[pərdu'ar]
parler (vi, vt)	**falar** (vi)	[fɐ'lar]
participer à …	**participar** (vi)	[pɐrtisi'par]
payer (régler)	**pagar** (vt)	[pɐ'gar]
penser (vi, vt)	**pensar** (vt)	[pẽ'sar]
permettre (vt)	**permitir** (vt)	[pərmi'tir]
plaire (être apprécié)	**gostar** (vt)	[gu'ʃtar]
plaisanter (vi)	**brincar** (vi)	[brĩ'kar]
planifier (vt)	**planear** (vt)	[plɐ'njar]
pleurer (vi)	**chorar** (vi)	[ʃu'rar]
posséder (vt)	**possuir** (vt)	[pusu'ir]
pouvoir (v aux)	**poder** (vi)	[pu'der]
préférer (vt)	**preferir** (vt)	[prəfə'rir]
prendre (vt)	**pegar** (vt)	[pə'gar]
prendre en note	**anotar** (vt)	[ɐnu'tar]
prendre le petit déjeuner	**tomar o pequeno-almoço**	[tu'mar u pə'kenu al'mosu]
préparer (le dîner)	**preparar** (vt)	[prəpə'rar]
prévoir (vt)	**prever** (vt)	[prə'ver]
prier (~ Dieu)	**rezar, orar** (vi)	[ʀə'zar], [ɔ'rar]
promettre (vt)	**prometer** (vt)	[prumə'ter]
prononcer (vt)	**pronunciar** (vt)	[prunũ'sjar]
proposer (vt)	**propor** (vt)	[pru'por]
punir (vt)	**punir** (vt)	[pu'nir]

16.   Les verbes les plus importants. Partie 4

| recommander (vt) | **recomendar** (vt) | [ʀəkumẽ'dar] |
| regretter (vt) | **arrepender-se** (vr) | [ɐʀipẽ'dersə] |

répéter (dire encore)	**repetir** (vt)	[ʀəpə'tir]
répondre (vi, vt)	**responder** (vt)	[ʀəʃpõ'der]
réserver (une chambre)	**reservar** (vt)	[ʀəzər'var]
rester silencieux	**ficar em silêncio**	[fi'kar ẽ si'lẽsiu]
réunir (regrouper)	**unir** (vt)	[u'nir]
rire (vi)	**rir** (vi)	[ʀir]
s'arrêter (vp)	**parar** (vi)	[pɐ'rar]
s'asseoir (vp)	**sentar-se** (vr)	[sẽ'tarsə]
sauver (la vie à qn)	**salvar** (vt)	[sa'lvar]
savoir (qch)	**saber** (vt)	[sɐ'ber]
se baigner (vp)	**ir nadar**	[ir nɐ'dar]
se plaindre (vp)	**queixar-se** (vr)	[keɪ'ʃarsə]
se refuser (vp)	**negar-se a ...**	[ne'garse a]
se tromper (vp)	**equivocar-se** (vi)	[ẽgɐ'narsə]
se vanter (vp)	**jactar-se, gabar-se** (vr)	[ʒɐ'ktarsə], [gɐ'barsə]
s'étonner (vp)	**surpreender-se** (vr)	[surpriẽ'dersə]
s'excuser (vp)	**desculpar-se** (vr)	[dəʃkul'parsə]
signer (vt)	**assinar** (vt)	[ɐsi'nar]
signifier (vt)	**significar** (vt)	[signifi'kar]
s'intéresser (vp)	**interessar-se** (vr)	[ĩtərə'sarsə]
sortir (aller dehors)	**sair** (vi)	[sɐ'ir]
sourire (vi)	**sorrir** (vi)	[su'ʀir]
sous-estimer (vt)	**subestimar** (vt)	[subəʃti'mar]
suivre ... (suivez-moi)	**seguir ...**	[sə'gir]
tirer (vi)	**disparar, atirar** (vi)	[diʃpɐ'rar], [eti'rar]
tomber (vi)	**cair** (vi)	[kɐ'ir]
toucher (avec les mains)	**tocar** (vt)	[tu'kar]
tourner (~ à gauche)	**virar** (vi)	[vi'rar]
traduire (vt)	**traduzir** (vt)	[trɐdu'zir]
travailler (vi)	**trabalhar** (vi)	[trɐbɐ'ʎar]
tromper (vt)	**enganar** (vt)	[ẽgɐ'nar]
trouver (vt)	**encontrar** (vt)	[ẽkõ'trar]
tuer (vt)	**matar** (vt)	[mɐ'tar]
vendre (vt)	**vender** (vt)	[vẽ'der]
venir (vi)	**chegar** (vi)	[ʃə'gar]
voir (vt)	**ver** (vt)	[ver]
voler (avion, oiseau)	**voar** (vi)	[vu'ar]
voler (qch à qn)	**roubar** (vt)	[ʀo'bar]
vouloir (vt)	**querer** (vt)	[kə'rer]

T&P BOOKS

LA NOTION DE TEMPS. LE CALENDRIER

T&P Books Publishing

17. Les jours de la semaine

lundi (m)	**segunda-feira** (f)	[sə'gŭdɐ 'fɐjɾɐ]
mardi (m)	**terça-feira** (f)	['teɾsɐ 'fɐjɾɐ]
mercredi (m)	**quarta-feira** (f)	[ku'aɾt 'fɐjɾɐ]
jeudi (m)	**quinta-feira** (f)	['kĩtɐ 'fɐjɾɐ]
vendredi (m)	**sexta-feira** (f)	['seʃtɐ 'fɐjɾɐ]
samedi (m)	**sábado** (m)	['sabɐdu]
dimanche (m)	**domingo** (m)	[du'mĩgu]
aujourd'hui (adv)	**hoje**	['oʒə]
demain (adv)	**amanhã**	[amɐ'ɲã]
après-demain (adv)	**depois de amanhã**	[də'poɾʃ də amɐ'ɲã]
hier (adv)	**ontem**	['õtẽj]
avant-hier (adv)	**anteontem**	[ãti'õtẽj]
jour (m)	**dia** (m)	['diɐ]
jour (m) ouvrable	**dia** (m) **de trabalho**	['diɐ də tɾɐ'baʎu]
jour (m) férié	**feriado** (m)	[fɐ'ɾjadu]
jour (m) de repos	**dia** (m) **de folga**	['diɐ də 'fɔlgɐ]
week-end (m)	**fim** (m) **de semana**	[fĩ də sɐ'mɐnɐ]
toute la journée	**o dia todo**	[u 'diɐ 'todu]
le lendemain	**no dia seguinte**	[nu 'diɐ sə'gĩtə]
il y a 2 jours	**há dois dias**	[a 'doɾʃ 'diɐʃ]
la veille	**na véspera**	[nɐ 'vɛʃpəɾɐ]
quotidien (adj)	**diário**	[di'aɾiu]
tous les jours	**todos os dias**	['toduʃ uʃ 'diɐʃ]
semaine (f)	**semana** (f)	[sə'mɐnɐ]
la semaine dernière	**na semana passada**	[nɐ sə'mɐnɐ pɐ'sadɐ]
la semaine prochaine	**na próxima semana**	[nɐ 'prɔsimɐ sə'mɐnɐ]
hebdomadaire (adj)	**semanal**	[səmə'nal]
chaque semaine	**cada semana**	['kɐdɐ sə'mɐnɐ]
2 fois par semaine	**duas vezes por semana**	['duɐʃ 'vezəʃ puɾ sə'mɐnɐ]
tous les mardis	**cada terça-feira**	['kɐdɐ teɾsɐ 'fɐjɾɐ]

18. Les heures. Le jour et la nuit

matin (m)	**manhã** (f)	[mɐ'ɲã]
le matin	**de manhã**	[də mɐ'ɲã]
midi (m)	**meio-dia** (m)	['mɐju 'diɐ]
dans l'après-midi	**à tarde**	[a 'taɾdə]
soir (m)	**noite** (f)	['nojtə]

le soir	à noite	[a 'nojtə]
nuit (f)	noite (f)	['nojtə]
la nuit	à noite	[a 'nojtə]
minuit (f)	meia-noite (f)	['mɐjɐ 'nojtə]

seconde (f)	segundo (m)	[sə'gũdu]
minute (f)	minuto (m)	[mi'nutu]
heure (f)	hora (f)	['ɔrɐ]
demi-heure (f)	meia hora (f)	['mɐjɐ 'ɔrɐ]
un quart d'heure	quarto (m) de hora	[ku'artu də 'ɔrɐ]
quinze minutes	quinze minutos	['kĩzə mi'nutuʃ]
vingt-quatre heures	vinte e quatro horas	['vĩtə i ku'atru 'ɔrɐʃ]

lever (m) du soleil	nascer (m) do sol	[nɐ'ʃser du sɔl]
aube (f)	amanhecer (m)	[ɐmɐɲə'ser]
point (m) du jour	madrugada (f)	[mɐdru'gadɐ]
coucher (m) du soleil	pôr (m) do sol	[por du 'sɔl]

tôt le matin	de madrugada	[də mɐdru'gadɐ]
ce matin	hoje de manhã	['oʒə də mɐ'ɲã]
demain matin	amanhã de manhã	[amɐ'ɲã də mɐ'ɲã]

cet après-midi	hoje à tarde	['oʒə a 'tardə]
dans l'après-midi	à tarde	[a 'tardə]
demain après-midi	amanhã à tarde	[amɐ'ɲã a 'tardə]

| ce soir | esta noite, hoje à noite | ['ɛʃtə 'nojtə], ['oʒə a 'nojtə] |
| demain soir | amanhã à noite | [amɐ'ɲã a 'nojtə] |

à 3 heures précises	às três horas em ponto	[aʃ treʃ 'ɔreʃ ẽ 'põtu]
autour de 4 heures	por volta das quatro	[pur 'voltɐ deʃ ku'atru]
vers midi	às doze	[aʃ 'dozə]

dans 20 minutes	dentro de vinte minutos	['dẽtru də 'vĩtə mi'nutuʃ]
dans une heure	dentro duma hora	['dẽtru 'dumɐ 'ɔrɐ]
à temps	a tempo	[ɐ 'tẽpu]

… moins le quart	… menos um quarto	['menuʃ 'ũ ku'artu]
en une heure	durante uma hora	[du'rãtə 'umɐ 'ɔrɐ]
tous les quarts d'heure	a cada quinze minutos	[ɐ 'kɐdɐ 'kĩzə mi'nutuʃ]
24 heures sur 24	as vinte e quatro horas	[ɐʃ 'vĩtə i ku'atru 'ɔrɐʃ]

19. Les mois. Les saisons

janvier (m)	janeiro (m)	[ʒɐ'nɐjru]
février (m)	fevereiro (m)	[fəvə'rɐjru]
mars (m)	março (m)	['marsu]
avril (m)	abril (m)	[ɐ'bril]
mai (m)	maio (m)	['maju]
juin (m)	junho (m)	['ʒuɲu]

juillet (m)	**julho** (m)	['ʒuʎu]
août (m)	**agosto** (m)	[ɐ'goʃtu]
septembre (m)	**setembro** (m)	[sə'tẽbru]
octobre (m)	**outubro** (m)	[o'tubru]
novembre (m)	**novembro** (m)	[nu'vẽbru]
décembre (m)	**dezembro** (m)	[də'zẽbru]
printemps (m)	**primavera** (f)	[primɐ'vɛrɐ]
au printemps	**na primavera**	[nɐ primɐ'vɛrɐ]
de printemps (adj)	**primaveril**	[primɐvɐ'ril]
été (m)	**verão** (m)	[vɐ'rãu]
en été	**no verão**	[nu vɐ'rãu]
d'été (adj)	**de verão**	[də vɐ'rãu]
automne (m)	**outono** (m)	[o'tonu]
en automne	**no outono**	[nu o'tonu]
d'automne (adj)	**outonal**	[otu'nal]
hiver (m)	**inverno** (m)	[ĩ'vɛrnu]
en hiver	**no inverno**	[nu ĩ'vɛrnu]
d'hiver (adj)	**de inverno**	[də ĩ'vɛrnu]
mois (m)	**mês** (m)	[meʃ]
ce mois	**este mês**	['eʃtə meʃ]
le mois prochain	**no próximo mês**	[nu 'prɔsimu meʃ]
le mois dernier	**no mês passado**	[nu meʃ pɐ'sadu]
il y a un mois	**há um mês**	[a ũ meʃ]
dans un mois	**dentro de um mês**	['dẽtru də ũ meʃ]
dans 2 mois	**dentro de dois meses**	['dẽtru də 'doɪʃ 'mezəʃ]
tout le mois	**todo o mês**	['todu u meʃ]
tout un mois	**um mês inteiro**	[ũ meʃ ĩ'tejru]
mensuel (adj)	**mensal**	[mẽ'sal]
mensuellement	**mensalmente**	[mẽsal'mẽtə]
chaque mois	**cada mês**	['kɐdɐ meʃ]
2 fois par mois	**duas vezes por mês**	['duɐʃ 'vezəʃ pur meʃ]
année (f)	**ano** (m)	['ɐnu]
cette année	**este ano**	['eʃtə 'ɐnu]
l'année prochaine	**no próximo ano**	[nu 'prɔsimu 'ɐnu]
l'année dernière	**no ano passado**	[nu 'ɐnu pɐ'sadu]
il y a un an	**há um ano**	[a ũ 'ɐnu]
dans un an	**dentro dum ano**	['dẽtru dũ 'ɐnu]
dans 2 ans	**dentro de dois anos**	['dẽtru də 'doɪʃ 'ɐnuʃ]
toute l'année	**todo o ano**	['todu u 'ɐnu]
toute une année	**um ano inteiro**	[ũ 'ɐnu ĩ'tejru]
chaque année	**cada ano**	['kɐdɐ 'ɐnu]
annuel (adj)	**anual**	[ɐnu'al]

| annuellement | anualmente | [ɐnual'mẽtə] |
| 4 fois par an | quatro vezes por ano | [ku'atru 'vezəʃ pur 'ɐnu] |

date (f) (jour du mois)	data (f)	['datə]
date (f) (~ mémorable)	data (f)	['datə]
calendrier (m)	calendário (m)	[kɐlẽ'dariu]

six mois	meio ano	['mɐju 'ɐnu]
semestre (m)	seis meses	['sɐiʃ 'mezəʃ]
saison (f)	estação (f)	[əʃtɐ'sãu]
siècle (m)	século (m)	['sɛkulu]

LES VOYAGES. L'HÔTEL

T&P Books Publishing

tourisme (m)	**turismo** (m)	[tu'riʒmu]
touriste (m)	**turista** (m)	[tu'riʃtɐ]
voyage (m) (à l'étranger)	**viagem** (f)	['vjaʒẽɨ̯]
aventure (f)	**aventura** (f)	[ɐvẽ'turɐ]
voyage (m)	**viagem** (f)	['vjaʒẽɨ̯]
vacances (f pl)	**férias** (f pl)	['fɛriɐʃ]
être en vacances	**estar de férias**	[ə'ʃtar də 'fɛriɐʃ]
repos (m) (jours de ~)	**descanso** (m)	[də'ʃkãsu]
train (m)	**comboio** (m)	[kõ'bɔju]
en train	**de comboio**	[də kõ'bɔju]
avion (m)	**avião** (m)	[ɐ'vjãu]
en avion	**de avião**	[də ɐ'vjãu]
en voiture	**de carro**	[də 'kaʀu]
en bateau	**de navio**	[də nɐ'viu]
bagage (m)	**bagagem** (f)	[bɐ'gaʒẽɨ̯]
malle (f)	**mala** (f)	['malɐ]
chariot (m)	**carrinho** (m)	[kɐ'riɲu]
passeport (m)	**passaporte** (m)	[pasɐ'pɔrtə]
visa (m)	**visto** (m)	['viʃtu]
ticket (m)	**bilhete** (m)	[bi'ʎetə]
billet (m) d'avion	**bilhete** (m) **de avião**	[bi'ʎetə də ɐ'vjãu]
guide (m) (livre)	**guia** (m) **de viagem**	['giɐ də vi'aʒẽɨ̯]
carte (f)	**mapa** (m)	['mapɐ]
région (f) (~ rurale)	**local** (m), **area** (f)	[lu'kal], [ɐ'rɛɐ]
endroit (m)	**lugar, sítio** (m)	[lu'gar], ['sitiu]
exotisme (m)	**exotismo** (m)	[ezu'tiʒmu]
exotique (adj)	**exótico**	[e'zɔtiku]
étonnant (adj)	**surpreendente**	[surpriẽ'dẽtə]
groupe (m)	**grupo** (m)	['grupu]
excursion (f)	**excursão** (f)	[əʃkur'sãu]
guide (m) (personne)	**guia** (m)	['giɐ]

hôtel (m)	**hotel** (m)	[ɔ'tɛl]
motel (m)	**motel** (m)	[mu'tɛl]

3 étoiles	três estrelas	['treʃ ə'ʃtreleʃ]
5 étoiles	cinco estrelas	['sĩku ə'ʃtreleʃ]
descendre (à l'hôtel)	ficar (vi, vt)	[fi'kar]
chambre (f)	quarto (m)	[ku'artu]
chambre (f) simple	quarto (m) individual	[ku'artu ĩdividu'al]
chambre (f) double	quarto (m) duplo	[ku'artu 'duplu]
réserver une chambre	reservar um quarto	[Rəzər'var ũ ku'artu]
demi-pension (f)	meia pensão (f)	['mɐje pẽ'sãu]
pension (f) complète	pensão (f) completa	[pẽ'sãu kõ'plɛtə]
avec une salle de bain	com banheira	[kõ bɐ'ɲɐjɾɐ]
avec une douche	com duche	[kõ 'duʃə]
télévision (f) par satellite	televisão (m) satélite	[tələvi'zãu se'tɛlitə]
climatiseur (m)	ar (m) condicionado	[ar kõdisiu'nadu]
serviette (f)	toalha (f)	[tu'aʎɐ]
clé (f)	chave (f)	['ʃavə]
administrateur (m)	administrador (m)	[ɐdminiʃtrɐ'dor]
femme (f) de chambre	camareira (f)	[kɐmɐ'rɐjɾɐ]
porteur (m)	bagageiro (m)	[bɐgɐ'ʒɐjɾu]
portier (m)	porteiro (m)	[pur'tɐjɾu]
restaurant (m)	restaurante (m)	[Rəʃtau'rãtə]
bar (m)	bar (m)	[bar]
petit déjeuner (m)	pequeno-almoço (m)	[pə'kenu al'mosu]
dîner (m)	jantar (m)	[ʒã'tar]
buffet (m)	buffet (m)	[bu'fe]
hall (m)	hall (m) de entrada	[ɔl də ẽ'tradə]
ascenseur (m)	elevador (m)	[elɐvɐ'dor]
PRIÈRE DE NE PAS DÉRANGER	NÃO PERTURBE	['nãu pər'turbə]
DÉFENSE DE FUMER	PROIBIDO FUMAR!	[prui'bidu fu'mar]

22. Le tourisme

monument (m)	monumento (m)	[munu'mẽtu]
forteresse (f)	fortaleza (f)	[furte'lezɐ]
palais (m)	palácio (m)	[pɐ'lasiu]
château (m)	castelo (m)	[kɐ'ʃtɛlu]
tour (f)	torre (f)	['toRə]
mausolée (m)	mausoléu (m)	[mauzu'lɛu]
architecture (f)	arquitetura (f)	[ɐrkitɛ'turə]
médiéval (adj)	medieval	[mədiɛ'val]
ancien (adj)	antigo	[ã'tigu]
national (adj)	nacional	[nɐsiu'nal]

connu (adj)	**conhecido**	[kuɲə'sidu]
touriste (m)	**turista** (m)	[tu'riʃtɐ]
guide (m) (personne)	**guia** (m)	['giɐ]
excursion (f)	**excursão** (f)	[əʃkur'sãu]
montrer (vt)	**mostrar** (vt)	[mu'ʃtrar]
raconter (une histoire)	**contar** (vt)	[kõ'tar]
trouver (vt)	**encontrar** (vt)	[ẽkõ'trar]
se perdre (vp)	**perder-se** (vr)	[pər'dersə]
plan (m) (du metro, etc.)	**mapa** (m)	['mapɐ]
carte (f) (de la ville, etc.)	**mapa** (m)	['mapɐ]
souvenir (m)	**lembrança** (f), **presente** (m)	[lẽ'brãsə], [prə'zẽtə]
boutique (f) de souvenirs	**loja** (f) **de presentes**	['lɔʒɐ də prə'zẽtəʃ]
prendre en photo	**fotografar** (vt)	[futugrɐ'far]
se faire prendre en photo	**fotografar-se**	[futugrɐ'farsə]

LES TRANSPORTS

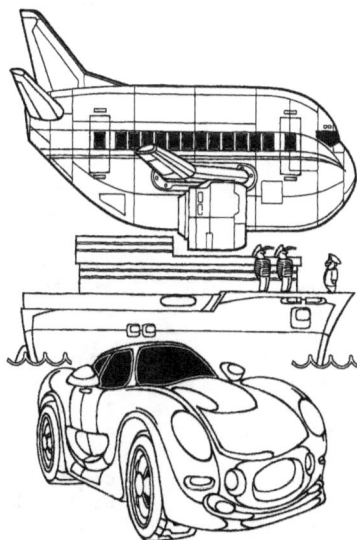

T&P Books Publishing

aéroport (m)	aeroporto (m)	[ɐɛrɔ'portu]
avion (m)	avião (m)	[ɐ'vjãu]
compagnie (f) aérienne	companhia (f) aérea	[kõpɐ'ɲiɐ ɐ'ɛriɐ]
contrôleur (m) aérien	controlador (m) de tráfego aéreo	[kõtrulɐ'dor dɐ 'trafɐgu ɐ'ɛriu]
départ (m)	partida (f)	[pɐr'tidɐ]
arrivée (f)	chegada (f)	[ʃɐ'gadɐ]
arriver (par avion)	chegar (vi)	[ʃɐ'gar]
temps (m) de départ	hora (f) de partida	['ɔrɐ dɐ pɐr'tidɐ]
temps (m) d'arrivée	hora (f) de chegada	['ɔrɐ dɐ ʃɐ'gadɐ]
être retardé	estar atrasado	[ɐ'ʃtar ɐtrɐ'zadu]
retard (m) de l'avion	atraso (m) de voo	[ɐ'trazu dɐ 'vou]
tableau (m) d'informations	painel (m) de informação	[paj'nɛl dɐ ĩfurmɐ'sãu]
information (f)	informação (f)	[ĩfurmɐ'sãu]
annoncer (vt)	anunciar (vt)	[ɐnũ'sjar]
vol (m)	voo (m)	['vou]
douane (f)	alfândega (f)	[al'fãdɐgɐ]
douanier (m)	funcionário (m) da alfândega	[fũsiu'nariu dɐ al'fãdɐgɐ]
déclaration (f) de douane	declaração (f) alfandegária	[dɐklɐrɐ'sãu alfãdɐ'gariɐ]
remplir (vt)	preencher (vt)	[priẽ'ʃer]
remplir la déclaration	preencher a declaração	[priẽ'ʃer ɐ dɐklɐrɐ'sãu]
contrôle (m) de passeport	controlo (m) de passaportes	[kõ'trolu dɐ pasɐ'portɐʃ]
bagage (m)	bagagem (f)	[bɐ'gaʒẽj]
bagage (m) à main	bagagem (f) de mão	[bɐ'gaʒẽj dɐ 'mãu]
chariot (m)	carrinho (m)	[kɐ'riɲu]
atterrissage (m)	aterragem (f)	[ɐtɐ'raʒẽj]
piste (f) d'atterrissage	pista (f) de aterragem	['piʃtɐ dɐ ɐtɐ'raʒẽj]
atterrir (vi)	aterrar (vi)	[ɐtɐ'rar]
escalier (m) d'avion	escada (f) de avião	[ɐ'ʃkadɐ dɐ ɐ'vjãu]
enregistrement (m)	check-in (m)	[ʃɛ'kin]
comptoir (m) d'enregistrement	balcão (m) do check-in	[bal'kãu du ʃɛ'kin]

s'enregistrer (vp)	fazer o check-in	[feˈzer u ʃɛˈkin]
carte (f) d'embarquement	cartão (m) de embarque	[kɐrˈtãu də ẽˈbarkə]
porte (f) d'embarquement	porta (f) de embarque	[ˈpɔrtə də ẽˈbarkə]
transit (m)	trânsito (m)	[ˈtrãzitu]
attendre (vt)	esperar (vi, vt)	[əʃpəˈrar]
salle (f) d'attente	sala (f) de espera	[ˈsalə də əˈʃpɛrɐ]
raccompagner (à l'aéroport, etc.)	despedir-se de ...	[dəʃpəˈdirsə də]
dire au revoir	despedir-se (vr)	[dəʃpəˈdirsə]

24. L'avion

avion (m)	avião (m)	[ɐˈvjãu]
billet (m) d'avion	bilhete (m) de avião	[biˈʎetə də ɐˈvjãu]
compagnie (f) aérienne	companhia (f) aérea	[kõpəˈɲiɐ ɐˈɛriɐ]
aéroport (m)	aeroporto (m)	[ɛɛrɔˈportu]
supersonique (adj)	supersónico	[supərˈsɔniku]
commandant (m) de bord	comandante (m) do avião	[kumãˈdãtə du ɐˈvjãu]
équipage (m)	tripulação (f)	[tripulɐˈsãu]
pilote (m)	piloto (m)	[piˈlotu]
hôtesse (f) de l'air	hospedeira (f) de bordo	[ɔʃpəˈdejrɐ də ˈbordu]
navigateur (m)	copiloto (m)	[kopiˈlotu]
ailes (f pl)	asas (f pl)	[ˈazɐʃ]
queue (f)	cauda (f)	[ˈkaudɐ]
cabine (f)	cabine (f)	[kɐˈbinə]
moteur (m)	motor (m)	[muˈtor]
train (m) d'atterrissage	trem (m) de aterragem	[trẽʲ də ɐtəˈʀaʒẽʲ]
turbine (f)	turbina (f)	[turˈbinɐ]
hélice (f)	hélice (f)	[ˈɛlisə]
boîte (f) noire	caixa-preta (f)	[ˈkaɪʃɐ ˈpretɐ]
gouvernail (m)	coluna (f) de controlo	[kuˈlunɐ də kõˈtrolu]
carburant (m)	combustível (m)	[kõbuˈʃtivɛl]
consigne (f) de sécurité	instruções (f pl) de segurança	[ĩʃtruˈsoɪʃ də səguˈrãsɐ]
masque (m) à oxygène	máscara (f) de oxigénio	[ˈmaʃkɐrɐ də ɔksiˈʒɛniu]
uniforme (m)	uniforme (m)	[uniˈformə]
gilet (m) de sauvetage	colete (m) salva-vidas	[kuˈletɐ ˈsalvɐ ˈvidɐʃ]
parachute (m)	paraquedas (m)	[pɐrɐˈkɛdɐʃ]
décollage (m)	descolagem (f)	[dəʃkuˈlaʒẽʲ]
décoller (vi)	descolar (vi)	[dəʃkuˈlar]
piste (f) de décollage	pista (f) de descolagem	[ˈpiʃtɐ də dəʃkuˈlaʒẽʲ]
visibilité (f)	visibilidade (f)	[vizibiliˈdadə]
vol (m) (~ d'oiseau)	voo (m)	[ˈvou]

altitude (f)	altura (f)	[al'tuʁɐ]
trou (m) d'air	poço (m) de ar	['posu də 'ar]
place (f)	assento (m)	[ɐ'sẽtu]
écouteurs (m pl)	auscultadores (m pl)	[auʃkulte'doɾəʃ]
tablette (f)	mesa (f) rebatível	['mezɐ ʁɐbɐ'tivɛl]
hublot (m)	vigia (f)	[vi'ʒiɐ]
couloir (m)	passagem (f)	[pɐ'saʒẽ]

25. Le train

train (m)	comboio (m)	[kõ'bɔju]
train (m) de banlieue	comboio (m) suburbano	[kõ'bɔju subur'bɐnu]
TGV (m)	comboio (m) rápido	[kõ'bɔju 'ʁapidu]
locomotive (f) diesel	locomotiva (f) diesel	[lukumu'tive 'dizɛl]
locomotive (f) à vapeur	locomotiva (f) a vapor	[lukumu'tive ɐ vɐ'por]
wagon (m)	carruagem (f)	[kɐʁu'aʒẽ]
wagon-restaurant (m)	carruagem restaurante (f)	[kɐʁu'aʒẽ ʁɐʃtau'ʁãtɐ]
rails (m pl)	carris (m pl)	[kɐ'ʁiʃ]
chemin (m) de fer	caminho de ferro (m)	[kɐ'miɲu də 'fɛʁu]
traverse (f)	travessa (f)	[tre'vɛsɐ]
quai (m)	plataforma (f)	[plɐtɐ'fɔrmɐ]
voie (f)	linha (f)	['liɲɐ]
sémaphore (m)	semáforo (m)	[sə'mafuru]
station (f)	estação (f)	[əʃtɐ'sãu]
conducteur (m) de train	maquinista (m)	[mɛki'niʃtɐ]
porteur (m)	bagageiro (m)	[bɐgɐ'ʒɐjru]
steward (m)	hospedeiro, -a (m, f)	[ɔʃpə'dɐjru, -ɐ]
passager (m)	passageiro (m)	[pɐsɐ'ʒɐjru]
contrôleur (m) de billets	revisor (m)	[ʁɐvi'zor]
couloir (m)	corredor (m)	[kuʁɐ'dor]
frein (m) d'urgence	freio (m) de emergência	['frɐju də emɐr'ʒẽsiɐ]
compartiment (m)	compartimento (m)	[kõpɐrti'mẽtu]
couchette (f)	cama (f)	['kɐmɐ]
couchette (f) d'en haut	cama (f) de cima	['kɐmɐ də 'simɐ]
couchette (f) d'en bas	cama (f) de baixo	['kɐmɐ də 'baɪʃu]
linge (m) de lit	roupa (f) de cama	['ʁopɐ də 'kɐmɐ]
ticket (m)	bilhete (m)	[bi'ʎetə]
horaire (m)	horário (m)	[ɔ'rariu]
tableau (m) d'informations	painel (m) de informação	[paj'nɛl də ĩfurmɐ'sãu]
partir (vi)	partir (vt)	[pɐr'tir]
départ (m) (du train)	partida (f)	[pɐr'tidɐ]

| arriver (le train) | chegar (vi) | [ʃə'gar] |
| arrivée (f) | chegada (f) | [ʃə'gadə] |

arriver en train	chegar de comboio	[ʃə'gar də kõ'bɔju]
prendre le train	apanhar o comboio	[ɐpɐ'ɲar u kõ'bɔju]
descendre du train	sair do comboio	[sɐ'ir du kõ'bɔju]

accident (m) ferroviaire	acidente (m) ferroviário	[ɐsi'dẽtə fɛʀɔ'vjariu]
dérailler (vi)	descarrilar (vi)	[dəʃkɐʀi'lar]
locomotive (f) à vapeur	locomotiva (f) a vapor	[lukumu'tivɐ ɐ vɐ'por]
chauffeur (m)	fogueiro (m)	[fu'gejru]
chauffe (f)	fornalha (f)	[fur'naʎɐ]
charbon (m)	carvão (m)	[kɐr'vãu]

26. Le bateau

| bateau (m) | navio (m) | [nɐ'viu] |
| navire (m) | embarcação (f) | [ẽbɐrkɐ'sãu] |

bateau (m) à vapeur	vapor (m)	[vɐ'por]
paquebot (m)	navio (m)	[nɐ'viu]
bateau (m) de croisière	transatlântico (m)	[trãzɐt'lãtiku]
croiseur (m)	cruzador (m)	[kruzɐ'dor]

yacht (m)	iate (m)	['jatə]
remorqueur (m)	rebocador (m)	[ʀəbukɐ'dor]
péniche (f)	barcaça (f)	[bɐr'kasɐ]
ferry (m)	ferry (m)	['fɛʀi]

| voilier (m) | veleiro (m) | [və'lejru] |
| brigantin (m) | bergantim (m) | [bərgã'tĩ] |

| brise-glace (m) | quebra-gelo (m) | ['kɛbrɐ 'ʒɛlu] |
| sous-marin (m) | submarino (m) | [submɐ'rinu] |

canot (m) à rames	bote, barco (m)	['botə], ['barku]
dinghy (m)	bote, dingue (m)	['botə], ['dĩgə]
canot (m) de sauvetage	bote (m) salva-vidas	['botə 'salvɐ 'vidɐʃ]
canot (m) à moteur	lancha (f)	['lãʃɐ]

capitaine (m)	capitão (m)	[kɐpi'tãu]
matelot (m)	marinheiro (m)	[mɐri'ɲejru]
marin (m)	marujo (m)	[mɐ'ruʒu]
équipage (m)	tripulação (f)	[tripulɐ'sãu]

maître (m) d'équipage	contramestre (m)	[kõtrɐ'mɛʃtrə]
mousse (m)	grumete (m)	[gru'mɛtə]
cuisinier (m) du bord	cozinheiro (m) de bordo	[kuzi'ɲejru də 'bordu]
médecin (m) de bord	médico (m) de bordo	['mɛdiku də 'bordu]
pont (m)	convés (m)	[kõ'vɛʃ]

mât (m)	**mastro** (m)	['maʃtru]
voile (f)	**vela** (f)	['vɛlɐ]
cale (f)	**porão** (m)	[pu'rãu]
proue (f)	**proa** (f)	['proɐ]
poupe (f)	**popa** (f)	['popɐ]
rame (f)	**remo** (m)	['rɛmu]
hélice (f)	**hélice** (f)	['ɛlisə]
cabine (f)	**camarote** (m)	[kɐmɐ'rɔtə]
carré (m) des officiers	**sala** (f) **dos oficiais**	['salɐ duʃ ɔfi'sjaɪʃ]
salle (f) des machines	**sala** (f) **das máquinas**	['salɐ deʃ 'makinɐʃ]
passerelle (f)	**ponte** (m) **de comando**	['põtɐ də ku'mãdu]
cabine (f) de T.S.F.	**sala** (f) **de comunicações**	['salɐ də kumunikɐ'sõɪʃ]
onde (f)	**onda** (f)	['õdɐ]
journal (m) de bord	**diário** (m) **de bordo**	[di'ariu də 'bɔrdu]
longue-vue (f)	**luneta** (f)	[lu'nɛtɐ]
cloche (f)	**sino** (m)	['sinu]
pavillon (m)	**bandeira** (f)	[bã'dejrɐ]
grosse corde (f) tressée	**cabo** (m)	['kabu]
nœud (m) marin	**nó** (m)	[nɔ]
rampe (f)	**corrimão** (m)	[kuri'mãu]
passerelle (f)	**prancha** (f) **de embarque**	['prãʃɐ də ẽ'barkə]
ancre (f)	**âncora** (f)	['ãkurɐ]
lever l'ancre	**recolher a âncora**	[rɐku'ʎer ɐ 'ãkurɐ]
jeter l'ancre	**lançar a âncora**	[lã'sar ɐ 'ãkurɐ]
chaîne (f) d'ancrage	**amarra** (f)	[ɐ'marɐ]
port (m)	**porto** (m)	['portu]
embarcadère (m)	**cais, amarradouro** (m)	[kaɪʃ], [ɐmɐrɐ'doru]
accoster (vi)	**atracar** (vi)	[etrɐ'kar]
larguer les amarres	**desatracar** (vi)	[dɐzetrɐ'kar]
voyage (m) (à l'étranger)	**viagem** (f)	['vjaʒẽ ̯]
croisière (f)	**cruzeiro** (m)	[kru'zejru]
cap (m) (suivre un ~)	**rumo** (m)**, rota** (f)	['rumu], ['rɔtɐ]
itinéraire (m)	**itinerário** (m)	[itinɐ'rariu]
chenal (m)	**canal** (m) **navegável**	[kɐ'nal nɐvɐ'gavɛl]
bas-fond (m)	**banco** (m) **de areia**	['bãku də ɐ'rejɐ]
échouer sur un bas-fond	**encalhar** (vt)	[ẽkɐ'ʎar]
tempête (f)	**tempestade** (f)	[tẽpɐ'ʃtadə]
signal (m)	**sinal** (m)	[si'nal]
sombrer (vi)	**afundar-se** (vr)	[efũ'darsə]
Un homme à la mer!	**Homem ao mar!**	['ɔmẽ ̯ 'au 'mar]
SOS (m)	**SOS**	[ɛsɐo 'ɛsə]
bouée (f) de sauvetage	**boia** (f) **salva-vidas**	['bɔjɐ 'salvɐ 'vidɐʃ]

T&P BOOKS

LA VILLE

T&P Books Publishing

autobus (m)	autocarro (m)	[autɔ'kaʀu]
tramway (m)	elétrico (m)	[e'lɛtriku]
trolleybus (m)	troleicarro (m)	[trulɛi'kaʀu]
itinéraire (m)	itinerário (m)	[itinə'rariu]
numéro (m)	número (m)	['numəru]
prendre …	ir de …	[ir də]
monter (dans l'autobus)	entrar em …	[ẽ'trar ẽⁱ]
descendre de …	descer de …	[də'ʃser də]
arrêt (m)	paragem (f)	[pɐ'raʒẽⁱ]
arrêt (m) prochain	próxima paragem (f)	['prɔsimɐ pɐ'raʒẽⁱ]
terminus (m)	ponto (m) final	['põtu fi'nal]
horaire (m)	horário (m)	[ɔ'rariu]
attendre (vt)	esperar (vt)	[əʃpə'rar]
ticket (m)	bilhete (m)	[bi'ʎetə]
prix (m) du ticket	custo (m) do bilhete	['kuʃtu du bi'ʎetə]
caissier (m)	bilheteiro (m)	[biʎɐ'tejru]
contrôle (m) des tickets	controle (m) dos bilhetes	[kõ'trole duʃ bi'ʎetəʃ]
contrôleur (m)	revisor (m)	[ʀəvi'zor]
être en retard	atrasar-se (vr)	[etrɐ'zarsə]
rater (~ le train)	perder (vt)	[pər'der]
se dépêcher	estar com pressa	[ə'ʃtar kõ 'prɛsɐ]
taxi (m)	táxi (m)	['taksi]
chauffeur (m) de taxi	taxista (m)	[ta'ksiʃtɐ]
en taxi	de táxi	[də 'taksi]
arrêt (m) de taxi	praça (f) de táxis	['prasɐ də 'taksiʃ]
appeler un taxi	chamar um táxi	[ʃɐ'mar ũ 'taksi]
prendre un taxi	apanhar um táxi	[ɐpɐ'ɲar ũ 'taksi]
trafic (m)	tráfego (m)	['trafəgu]
embouteillage (m)	engarrafamento (m)	[ẽgɐʀɐfɐ'mẽtu]
heures (f pl) de pointe	horas (f pl) de ponta	['ɔrɐʃ də 'põtɐ]
se garer (vp)	estacionar (vi)	[əʃtɐsiu'nar]
garer (vt)	estacionar (vt)	[əʃtɐsiu'nar]
parking (m)	parque (m) de estacionamento	['parkə də əʃtɐsiunɐ'mẽtu]
métro (m)	metro (m)	['mɛtru]
station (f)	estação (f)	[əʃtɐ'sãu]

prendre le métro	ir de metro	[ir də 'mɛtru]
train (m)	comboio (m)	[kõ'bɔju]
gare (f)	estação (f)	[əʃtɐ'sãu]

28. La ville. La vie urbaine

ville (f)	cidade (f)	[si'dadə]
capitale (f)	capital (f)	[kɐpi'tal]
village (m)	aldeia (f)	[al'dɐjɐ]

plan (m) de la ville	mapa (m) da cidade	['mapɐ də si'dadə]
centre-ville (m)	centro (m) da cidade	['sẽtru də si'dadə]
banlieue (f)	subúrbio (m)	[su'burbiu]
de banlieue (adj)	suburbano	[subur'bɐnu]

périphérie (f)	periferia (f)	[pərifə'riɐ]
alentours (m pl)	arredores (m pl)	[ɐʀə'dorəʃ]
quartier (m)	quarteirão (m)	[kuɐrtɐj'rãu]
quartier (m) résidentiel	quarteirão (m) residencial	[kuɐrtɐj'rãu ʀəzidẽ'sjal]

trafic (m)	tráfego (m)	['trafəgu]
feux (m pl) de circulation	semáforo (m)	[sə'mafuru]
transport (m) urbain	transporte (m) público	[trã'ʃpɔrtə 'publiku]
carrefour (m)	cruzamento (m)	[kruze'mẽtu]

passage (m) piéton	passadeira (f)	[pɐsɐ'dɐjrɐ]
passage (m) souterrain	passagem (f) subterrânea	[pɐ'saʒẽj subtə'ʀɐniɐ]
traverser (vt)	cruzar, atravessar (vt)	[kru'zar], [ɐtrɐvə'sar]
piéton (m)	peão (m)	['pjãu]
trottoir (m)	passeio (m)	[pɐ'sɐju]

pont (m)	ponte (f)	['põtə]
quai (m)	margem (f) do rio	['marʒẽj du 'ʀiu]
fontaine (f)	fonte (f)	['fõtə]

allée (f)	alameda (f)	[ɐlɐ'medɐ]
parc (m)	parque (m)	['parkə]
boulevard (m)	bulevar (m)	[bulə'var]
place (f)	praça (f)	['prasɐ]
avenue (f)	avenida (f)	[ɐvə'nidɐ]
rue (f)	rua (f)	['ʀuɐ]
ruelle (f)	travessa (f)	[trɐ'vɛsɐ]
impasse (f)	beco (m) sem saída	['beku sẽ sɐ'idɐ]

maison (f)	casa (f)	['kazɐ]
édifice (m)	edifício, prédio (m)	[edi'fisiu], ['prɛdiu]
gratte-ciel (m)	arranha-céus (m)	[ɐ'ʀɐɲɐ 'sɛuʃ]

| façade (f) | fachada (f) | [fɐ'ʃadɐ] |
| toit (m) | telhado (m) | [tə'ʎadu] |

fenêtre (f)	janela (f)	[ʒe'nɛlɐ]
arc (m)	arco (m)	['arku]
colonne (f)	coluna (f)	[ku'lunɐ]
coin (m)	esquina (f)	[ə'ʃkinɐ]
vitrine (f)	montra (f)	['mõtrɐ]
enseigne (f)	letreiro (m)	[lə'trejru]
affiche (f)	cartaz (m)	[kɐr'taʃ]
affiche (f) publicitaire	cartaz (m) publicitário	[kɐr'taʃ publisi'tariu]
panneau-réclame (m)	painel (m) publicitário	[paj'nɛl publisi'tariu]
ordures (f pl)	lixo (m)	['liʃu]
poubelle (f)	cesta (f) do lixo	['seʃtɐ du 'liʃu]
jeter à terre	jogar lixo na rua	[ʒu'gar 'liʃu nɐ 'ʀuɐ]
décharge (f)	aterro (m) sanitário	[ɐ'teʀu sɐni'tariu]
cabine (f) téléphonique	cabine (f) telefónica	[kɐ'binɐ tələ'fɔnikɐ]
réverbère (m)	candeeiro (m) de rua	[kã'djejru də 'ʀuɐ]
banc (m)	banco (m)	['bãku]
policier (m)	polícia (m)	[pu'lisiɐ]
police (f)	polícia (f)	[pu'lisiɐ]
clochard (m)	mendigo (m)	[mẽ'digu]
sans-abri (m)	sem-abrigo (m)	[sãj ɐ'brigu]

29. Les institutions urbaines

magasin (m)	loja (f)	['lɔʒɐ]
pharmacie (f)	farmácia (f)	[fɐr'masiɐ]
opticien (m)	ótica (f)	['ɔtikɐ]
centre (m) commercial	centro (m) comercial	['sẽtru kumɐr'sjal]
supermarché (m)	supermercado (m)	[supɛrmɐr'kadu]
boulangerie (f)	padaria (f)	[pɐdɐ'riɐ]
boulanger (m)	padeiro (m)	[pa'dejru]
pâtisserie (f)	pastelaria (f)	[pɐʃtələ'riɐ]
épicerie (f)	mercearia (f)	[mɐrsiɐ'riɐ]
boucherie (f)	talho (m)	['taʎu]
magasin (m) de légumes	loja (f) de legumes	['lɔʒɐ də lə'gumɐʃ]
marché (m)	mercado (m)	[mɐr'kadu]
salon (m) de café	café (m)	[kɐ'fɛ]
restaurant (m)	restaurante (m)	[ʀɐʃtau'rãtɐ]
brasserie (f)	bar (m), cervejaria (f)	[bar], [sɐrvəʒɐ'riɐ]
pizzeria (f)	pizzaria (f)	[pitzɐ'riɐ]
salon (m) de coiffure	salão (m) de cabeleireiro	[sɐ'lãu də kɐbələj'rejru]
poste (f)	correios (m pl)	[ku'ʀɐjuʃ]
pressing (m)	lavandaria (f)	[lɐvãdɐ'riɐ]

atelier (m) de photo	estúdio (m) fotográfico	[ə'ʃtudiu futu'grafiku]
magasin (m) de chaussures	sapataria (f)	[sepete'riɐ]
librairie (f)	livraria (f)	[livrɐ'riɐ]
magasin (m) d'articles de sport	loja (f) de artigos de desporto	['loʒɐ də ɐr'tiguʃ də də'ʃportu]
atelier (m) de retouche	reparação (f) de roupa	[Rɐpɐre'sãu də 'Rope]
location (f) de vêtements	aluguer (m) de roupa	[ɐlu'gɛr də 'Rope]
location (f) de films	aluguer (m) de filmes	[ɐlu'gɛr də 'filmeʃ]
cirque (m)	circo (m)	['sirku]
zoo (m)	jardim (m) zoológico	[ʒɐr'dĩ zuu'lɔʒiku]
cinéma (m)	cinema (m)	[si'neme]
musée (m)	museu (m)	[mu'zeu]
bibliothèque (f)	biblioteca (f)	[bibliu'tɛke]
théâtre (m)	teatro (m)	[tə'atru]
opéra (m)	ópera (f)	['ɔpɐre]
boîte (f) de nuit	clube (m) noturno	['klubə nɔ'turnu]
casino (m)	casino (m)	[ke'zinu]
mosquée (f)	mesquita (f)	[mə'ʃkitɐ]
synagogue (f)	sinagoga (f)	[sinɐ'gɔge]
cathédrale (f)	catedral (f)	[ketə'dral]
temple (m)	templo (m)	['tẽplu]
église (f)	igreja (f)	[i'greʒe]
institut (m)	instituto (m)	[ĩʃti'tutu]
université (f)	universidade (f)	[univərsi'dadə]
école (f)	escola (f)	[ə'ʃkɔle]
préfecture (f)	prefeitura (f)	[prəfej'ture]
mairie (f)	câmara (f) municipal	['kemere munisi'pal]
hôtel (m)	hotel (m)	[ɔ'tɛl]
banque (f)	banco (m)	['bãku]
ambassade (f)	embaixada (f)	[ẽbaɪ'ʃade]
agence (f) de voyages	agência (f) de viagens	[ɐ'ʒẽsiɐ də 'vjaʒẽʃ]
bureau (m) d'information	agência (f) de informações	[ɐ'ʒẽsiɐ də ĩfurmɐ'sõɪʃ]
bureau (m) de change	casa (f) de câmbio	['kaze də 'kãbiu]
métro (m)	metro (m)	['mɛtru]
hôpital (m)	hospital (m)	[ɔʃpi'tal]
station-service (f)	posto (m) de gasolina	['poʃtu də gezu'line]
parking (m)	parque (m) de estacionamento	['parke də əʃtesiune'mẽtu]

30. Les enseignes. Les panneaux

enseigne (f)	letreiro (m)	[lə'trɐjɾu]
pancarte (f)	inscrição (f)	[ĩʃkri'sɐ̃u]
poster (m)	cartaz, póster (m)	[kɐr'taʃ], ['pɔʃtɛr]
indicateur (m) de direction	sinal (m) informativo	[si'nal ĩfurmɐ'tivu]
flèche (f)	seta (f)	['sɛtɐ]
avertissement (m)	aviso (m), advertência (f)	[ɐ'vizu], [ɐdvɐr'tẽsiɐ]
panneau d'avertissement	sinal (m) de aviso	[si'nal də ɐ'vizu]
avertir (vt)	avisar, advertir (vt)	[ɐvi'zar], [ɐdvɐr'tir]
jour (m) de repos	dia (m) de folga	['diɐ də 'fɔlgɐ]
horaire (m)	horário (m)	[ɔ'rariu]
heures (f pl) d'ouverture	horário (m)	[ɔ'rariu]
BIENVENUE!	BEM-VINDOS!	[bẽ⁼'vĩduʃ]
ENTRÉE	ENTRADA	[ẽ'tradɐ]
SORTIE	SAÍDA	[sɐ'idɐ]
POUSSER	EMPURRE	[ẽ'puʀɐ]
TIRER	PUXE	['puʃɐ]
OUVERT	ABERTO	[ɐ'bɛrtu]
FERMÉ	FECHADO	[fə'ʃadu]
FEMMES	MULHER	[mu'ʎɛr]
HOMMES	HOMEM	['ɔmẽ⁼]
RABAIS	DESCONTOS	[də'ʃkõtuʃ]
SOLDES	SALDOS	['salduʃ]
NOUVEAU!	NOVIDADE!	[nuvi'dadɐ]
GRATUIT	GRÁTIS	['gratiʃ]
ATTENTION!	ATENÇÃO!	[ɐtẽ'sɐ̃u]
COMPLET	NÃO HÁ VAGAS	['nɐ̃u a 'vagɐʃ]
RÉSERVÉ	RESERVADO	[ʀɐzɐr'vadu]
ADMINISTRATION	ADMINISTRAÇÃO	[ɐdminiʃtɾɐ'sɐ̃u]
RÉSERVÉ AU	SOMENTE PESSOAL	[sɔ'mẽtɐ pəsu'al
PERSONNEL	AUTORIZADO	auturi'zadu]
ATTENTION CHIEN MÉCHANT	CUIDADO CÃO FEROZ	[kui'dadu 'kɐ̃u fə'rɔʃ]
DÉFENSE DE FUMER	PROIBIDO FUMAR!	[pɾui'bidu fu'mar]
PRIÈRE DE NE PAS TOUCHER	NÃO TOCAR	['nɐ̃u tu'kar]
DANGEREUX	PERIGOSO	[pəri'gozu]
DANGER	PERIGO	[pə'rigu]
HAUTE TENSION	ALTA TENSÃO	['altɐ tẽ'sɐ̃u]
BAIGNADE INTERDITE	PROIBIDO NADAR	[pɾui'bidu nɐ'dar]

HORS SERVICE	AVARIADO	[ɐvɐ'ɾjadu]
INFLAMMABLE	INFLAMÁVEL	[ĩflɐ'mavɛl]
INTERDIT	PROIBIDO	[pɾui'bidu]
PASSAGE INTERDIT	ENTRADA PROIBIDA	[ẽ'tɾadɐ pɾui'bidɐ]
PEINTURE FRAÎCHE	CUIDADO TINTA FRESCA	[kui'dadu 'tĩtɐ 'fɾeʃkɐ]

31. Le shopping

acheter (vt)	comprar (vt)	[kõ'pɾaɾ]
achat (m)	compra (f)	['kõpɾɐ]
faire des achats	fazer compras	[fɐ'zeɾ 'kõpɾɐʃ]
shopping (m)	compras (f pl)	['kõpɾɐʃ]

| être ouvert | estar aberta | [ə'ʃtaɾ ɐ'bɛɾtɐ] |
| être fermé | estar fechada | [ə'ʃtaɾ fə'ʃadɐ] |

chaussures (f pl)	calçado (m)	[kal'sadu]
vêtement (m)	roupa (f)	['ʁopɐ]
produits (m pl) de beauté	cosméticos (m pl)	[ku'ʒmɛtikuʃ]
produits (m pl) alimentaires	alimentos (m pl)	[ɐli'mẽtuʃ]
cadeau (m)	presente (m)	[pɾə'zẽtə]

| vendeur (m) | vendedor (m) | [vẽdə'doɾ] |
| vendeuse (f) | vendedora (f) | [vẽdə'doɾɐ] |

caisse (f)	caixa (f)	['kaɪʃɐ]
miroir (m)	espelho (m)	[ə'ʃpɐʎu]
comptoir (m)	balcão (m)	[bal'kãu]
cabine (f) d'essayage	cabine (f) de provas	[kɐ'binə də 'pɾovɐʃ]

essayer (robe, etc.)	provar (vt)	[pɾu'vaɾ]
aller bien (robe, etc.)	servir (vi)	[səɾ'viɾ]
plaire (être apprécié)	gostar (vt)	[gu'ʃtaɾ]

prix (m)	preço (m)	['pɾesu]
étiquette (f) de prix	etiqueta (f) de preço	[eti'ketɐ də 'pɾesu]
coûter (vt)	custar (vt)	[ku'ʃtaɾ]
Combien?	Quanto?	[ku'ãtu]
rabais (m)	desconto (m)	[də'ʃkõtu]

pas cher (adj)	não caro	['nãu 'kaɾu]
bon marché (adj)	barato	[bɐ'ɾatu]
cher (adj)	caro	['kaɾu]
C'est cher	É caro	[ɛ 'kaɾu]

location (f)	aluguer (m)	[ɐlu'gɛɾ]
louer (une voiture, etc.)	alugar (vt)	[ɐlu'gaɾ]
crédit (m)	crédito (m)	['kɾɛditu]
à crédit (adv)	a crédito	[ɐ 'kɾɛditu]

LES VÊTEMENTS & LES ACCESSOIRES

T&P Books Publishing

32. Les vêtements d'extérieur

vêtement (m)	**roupa** (f)	['ʀopɐ]
survêtement (m)	**roupa** (f) **exterior**	['ʀopɐ əʃtə'rjor]
vêtement (m) d'hiver	**roupa** (f) **de inverno**	['ʀopɐ də ĩ'vɛrnu]
manteau (m)	**sobretudo** (m)	[sobrə'tudu]
manteau (m) de fourrure	**casaco** (m) **de peles**	[kɐ'zaku də 'pɛləʃ]
veste (f) de fourrure	**casaco curto** (m) **de pele**	[kɐ'zaku 'kurtu də 'pɛlə]
manteau (m) de duvet	**casaco** (m) **acolchoado**	[kɐ'zaku ɐkɔlʃu'adu]
veste (f) (~ en cuir)	**casaco, blusão** (m)	[kɐ'zaku], [blu'zãu]
imperméable (m)	**impermeável** (m)	[ĩpərmi'avɛl]
imperméable (adj)	**impermeável**	[ĩpər'mjavɛl]

33. Les vêtements

chemise (f)	**camisa** (f)	[kɐ'mizɐ]
pantalon (m)	**calças** (f pl)	['kalsɐʃ]
jean (m)	**calças** (f pl) **de ganga**	['kalsɐʃ də 'gãgɐ]
veston (m)	**casaco** (m)	[kɐ'zaku]
complet (m)	**fato** (m)	['fatu]
robe (f)	**vestido** (m)	[və'ʃtidu]
jupe (f)	**saia** (f)	['sajɐ]
chemisette (f)	**blusa** (f)	['bluzɐ]
veste (f) en laine	**casaco** (m) **de malha**	[kɐ'zaku də 'maʎɐ]
jaquette (f), blazer (m)	**casaco, blazer** (m)	[kɐ'zaku], ['blɛjzɐr]
tee-shirt (m)	**T-shirt, camiseta** (f)	['tiʃɐrt], [kɐmi'zetɐ]
short (m)	**short** (m), **calções** (m pl)	['ʃɔrt], [kɐl'sõiʃ]
costume (m) de sport	**fato** (m) **de treino**	['fatu də 'trejnu]
peignoir (m) de bain	**roupão** (m) **de banho**	[ʀo'pãu də 'bɐɲu]
pyjama (m)	**pijama** (m)	[pi'ʒɐmɐ]
chandail (m)	**suéter** (m)	[su'ɛtɐr]
pull-over (m)	**pulôver** (m)	[pu'lovɛr]
gilet (m)	**colete** (m)	[ku'letɐ]
queue-de-pie (f)	**fraque** (m)	['frakɐ]
smoking (m)	**smoking** (m)	['smokiŋ]
uniforme (m)	**uniforme** (m)	[uni'fɔrmɐ]
tenue (f) de travail	**roupa** (f) **de trabalho**	['ʀopɐ də trɐ'baʎu]

| salopette (f) | fato-macaco (m) | ['fatu me'kaku] |
| blouse (f) (d'un médecin) | bata (f) | ['batɐ] |

34. Les sous-vêtements

sous-vêtements (m pl)	roupa (f) interior	['ʀopɐ ĩtə'rjor]
boxer (m)	cuecas boxer (f pl)	[ku'ɛkɐʃ 'boksɐr]
slip (m) de femme	cuecas (f pl)	[ku'ɛkɐʃ]
maillot (m) de corps	camisola (f) interior	[kɐmi'zɔlɐ ĩtə'rjor]
chaussettes (f pl)	peúgas (f pl)	['pjugɐʃ]

chemise (f) de nuit	camisa (f) de noite	[kɐ'mizɐ də 'nojtɐ]
soutien-gorge (m)	sutiã (m)	[su'tjã]
chaussettes (f pl) hautes	meias longas (f pl)	['mɐjɐʃ 'lõgɐʃ]
collants (m pl)	meia-calça (f)	['mɐjɐ 'kalsɐ]
bas (m pl)	meias (f pl)	['mɐjɐʃ]
maillot (m) de bain	fato (m) de banho	['fatu də 'bɐɲu]

35. Les chapeaux

chapeau (m)	chapéu (m)	[ʃe'pɛu]
chapeau (m) feutre	chapéu (m) de feltro	[ʃe'pɛu də 'feltru]
casquette (f) de base-ball	boné (m) de beisebol	[bɔ'nɛ də 'bɛjzbɔl]
casquette (f)	boné (m)	[bɔ'nɛ]

béret (m)	boina (f)	['bɔjnɐ]
capuche (f)	capuz (m)	[kɐ'puʃ]
panama (m)	panamá (m)	[pɐnɐ'ma]
bonnet (m) de laine	gorro (m) de malha	['goʀu də 'maʎɐ]

| foulard (m) | lenço (m) | ['lẽsu] |
| chapeau (m) de femme | chapéu (m) de mulher | [ʃe'pɛu də mu'ʎɛr] |

casque (m) (d'ouvriers)	capacete (m)	[kɐpɐ'setɐ]
calot (m)	bibico (m)	[bi'biku]
casque (m) (~ de moto)	capacete (m)	[kɐpɐ'setɐ]

| melon (m) | chapéu-coco (m) | [ʃe'pɛu 'koku] |
| haut-de-forme (m) | chapéu (m) alto | [ʃe'pɛu 'altu] |

36. Les chaussures

chaussures (f pl)	calçado (m)	[kal'sadu]
bottines (f pl)	botinas (f pl)	[bu'tinɐʃ]
souliers (m pl) (~ plats)	sapatos (m pl)	[sɐ'patuʃ]
bottes (f pl)	botas (f pl)	['botɐʃ]

chaussons (m pl)	**pantufas** (f pl)	[pã'tufeʃ]
tennis (m pl)	**ténis** (m pl)	['tɛniʃ]
baskets (f pl)	**sapatilhas** (f pl)	[sepe'tiʎeʃ]
sandales (f pl)	**sandálias** (f pl)	[sã'dalieʃ]
cordonnier (m)	**sapateiro** (m)	[sepe'tejru]
talon (m)	**salto** (m)	['saltu]
paire (f)	**par** (m)	[par]
lacet (m)	**atacador** (m)	[eteke'dor]
lacer (vt)	**apertar os atacadores**	[eper'tar uʃ eteke'doreʃ]
chausse-pied (m)	**calçadeira** (f)	[kalse'dejre]
cirage (m)	**graxa** (f) **para calçado**	['graʃe 'pere ka'lsadu]

37. Les accessoires personnels

gants (m pl)	**luvas** (f pl)	['luveʃ]
moufles (f pl)	**mitenes** (f pl)	[mi'tɛnəʃ]
écharpe (f)	**cachecol** (m)	[kaʃe'kɔl]
lunettes (f pl)	**óculos** (m pl)	['ɔkuluʃ]
monture (f)	**armação** (f)	[erme'sãu]
parapluie (m)	**guarda-chuva** (m)	[guarde 'ʃuve]
canne (f)	**bengala** (f)	[bẽ'gale]
brosse (f) à cheveux	**escova** (f) **para o cabelo**	[ə'ʃkove 'pere u ke'belu]
éventail (m)	**leque** (m)	['lɛke]
cravate (f)	**gravata** (f)	[gre'vate]
nœud papillon (m)	**gravata-borboleta** (f)	[gre'vate burbu'lete]
bretelles (f pl)	**suspensórios** (m pl)	[suʃpẽ'sɔriuʃ]
mouchoir (m)	**lenço** (m)	['lẽsu]
peigne (m)	**pente** (m)	['pẽte]
barrette (f)	**travessão** (m)	[treve'sãu]
épingle (f) à cheveux	**gancho** (m) **de cabelo**	['gãʃu də ke'belu]
boucle (f)	**fivela** (f)	[fi'vɛle]
ceinture (f)	**cinto** (m)	['sĩtu]
bandoulière (f)	**correia** (f)	[ku'ʁeje]
sac (m)	**mala** (f)	['male]
sac (m) à main	**mala** (f) **de senhora**	['male də sə'ɲore]
sac (m) à dos	**mochila** (f)	[mu'ʃile]

38. Les vêtements. Divers

mode (f)	**moda** (f)	['mɔde]
à la mode (adj)	**na moda**	[ne 'mɔde]

couturier, créateur de mode	estilista (m)	[əʃti'liʃtɐ]
col (m)	colarinho (m), gola (f)	[kulɐ'riɲu], ['gɔlɐ]
poche (f)	bolso (m)	['bolsu]
de poche (adj)	de bolso	[də 'bolsu]
manche (f)	manga (f)	['mãgɐ]
bride (f)	alcinha (f)	[al'siɲɐ]
braguette (f)	braguilha (f)	[brɐ'giʎɐ]
fermeture (f) à glissière	fecho (m) de correr	['feʃu də ku'ʀeʀ]
agrafe (f)	fecho (m), colchete (m)	['feʃu], [kɔ'lʃetə]
bouton (m)	botão (m)	[bu'tãu]
boutonnière (f)	casa (f) de botão	['kazɐ də bu'tãu]
s'arracher (bouton)	soltar-se (vr)	[sɔl'tarsə]
coudre (vi, vt)	coser (vi)	[ku'zeʀ]
broder (vt)	bordar (vt)	[bur'dar]
broderie (f)	bordado (m)	[bur'dadu]
aiguille (f)	agulha (f)	[ɐ'guʎɐ]
fil (m)	fio (m)	['fiu]
couture (f)	costura (f)	[ku'ʃturɐ]
se salir (vp)	sujar-se (vr)	[su'ʒarsə]
tache (f)	mancha (f)	['mãʃɐ]
se froisser (vp)	engelhar-se (vr)	[ẽʒə'ʎarsə]
déchirer (vt)	rasgar (vt)	[ʀɐʒ'gar]
mite (f)	traça (f)	['trasɐ]

39. L'hygiène corporelle. Les cosmétiques

dentifrice (m)	pasta (f) de dentes	['paʃtɐ də 'dẽtəʃ]
brosse (f) à dents	escova (f) de dentes	[ə'ʃkovɐ də 'dẽtəʃ]
se brosser les dents	escovar os dentes	[əʃku'var uʃ 'dẽtəʃ]
rasoir (m)	máquina (f) de barbear	['makinɐ də bɐrbi'ar]
crème (f) à raser	creme (m) de barbear	['krɛmɐ də bɐr'bjar]
se raser (vp)	barbear-se (vr)	[bɐr'bjarsə]
savon (m)	sabonete (m)	[sɐbu'netə]
shampooing (m)	champô (m)	[ʃã'po]
ciseaux (m pl)	tesoura (f)	[tə'zorɐ]
lime (f) à ongles	lima (f) de unhas	['limɐ də 'uɲɐʃ]
pinces (f pl) à ongles	corta-unhas (m)	['kɔrtɐ 'uɲɐʃ]
pince (f) à épiler	pinça (f)	['pĩsɐ]
produits (m pl) de beauté	cosméticos (m pl)	[ku'ʒmɛtikuʃ]
masque (m) de beauté	máscara (f)	['maʃkɐrɐ]
manucure (f)	manicura (f)	[mɐni'kurɐ]
se faire les ongles	fazer a manicura	[fɐ'zer ɐ mɐni'kurɐ]

pédicurie (f)	pedicure (f)	[pedi'kurɐ]
trousse (f) de toilette	mala (f) de maquilhagem	['malɐ də mɐki'ʎaʒẽ']
poudre (f)	pó (m)	[pɔ]
poudrier (m)	caixa (f) de pó	['kaiʃɐ də pɔ]
fard (m) à joues	blush (m)	[blɐʃ]
parfum (m)	perfume (m)	[pər'fumɐ]
eau (f) de toilette	água (f) de toilette	['aguɐ də tua'lɛtɐ]
lotion (f)	loção (f)	[lu'sãu]
eau de Cologne (f)	água-de-colónia (f)	['aguɐ də ku'lɔniɐ]
fard (m) à paupières	sombra (f) de olhos	['sõbrɐ də 'ɔʎuʃ]
crayon (m) à paupières	lápis (m) delineador	['lapiʃ dəlinie'dor]
mascara (m)	máscara (f), rímel (m)	['maʃkɐrɐ], ['ʀimɛl]
rouge (m) à lèvres	batom (m)	['batõ]
vernis (m) à ongles	verniz (m) de unhas	[vər'niʒ də 'uɲɐʃ]
laque (f) pour les cheveux	laca (f) para cabelos	['lakɐ 'pɐrɐ kɐ'beluʃ]
déodorant (m)	desodorizante (m)	[dəzɔdɔri'zãtɐ]
crème (f)	creme (m)	['krɛmɐ]
crème (f) pour le visage	creme (m) de rosto	['krɛmɐ də 'ʀoʃtu]
crème (f) pour les mains	creme (m) de mãos	['krɛmɐ də 'mãuʃ]
crème (f) anti-rides	creme (m) antirrugas	['krɛmɐ ãti'ʀugɐʃ]
crème (f) de jour	creme (m) de dia	['krɛmɐ də 'diɐ]
crème (f) de nuit	creme (m) de noite	['krɛmɐ də 'nojtɐ]
de jour (adj)	de dia	[də 'diɐ]
de nuit (adj)	da noite	[də 'nojtɐ]
tampon (m)	tampão (m)	[tã'pãu]
papier (m) de toilette	papel (m) higiénico	[pɐ'pɛl i'ʒjɛniku]
sèche-cheveux (m)	secador (m) elétrico	[sɐkɐ'dor e'lɛtriku]

40. Les montres. Les horloges

montre (f)	relógio (m) de pulso	[ʀə'lɔʒiu də 'pulsu]
cadran (m)	mostrador (m)	[muʃtrɐ'dor]
aiguille (f)	ponteiro (m)	[põ'tejru]
bracelet (m)	bracelete (f) em aço	[brɐsə'lɛtɐ ãj 'asu]
bracelet (m) (en cuir)	bracelete (f) em couro	[brɐsə'lɛtɐ ãj 'koru]
pile (f)	pilha (f)	['piʎɐ]
être déchargé	acabar (vi)	[ɐkɐ'bar]
changer de pile	trocar a pilha	[tru'kar ɐ 'piʎɐ]
avancer (vi)	estar adiantado	[ə'ʃtar ɐdiã'tadu]
retarder (vi)	estar atrasado	[ə'ʃtar ɐtrɐ'zadu]
pendule (f)	relógio (m) de parede	[ʀə'lɔʒiu də pɐ'redɐ]
sablier (m)	ampulheta (f)	[ãpu'ʎetɐ]
cadran (m) solaire	relógio (m) de sol	[ʀə'lɔʒiu də sɔl]

réveil (m)	**despertador** (m)	[dəʃpərtɐ'dor]
horloger (m)	**relojoeiro** (m)	[Rəluʒu'ɐjru]
réparer (vt)	**reparar** (vt)	[Rɐpɐ'rar]

T&P BOOKS

L'EXPÉRIENCE QUOTIDIENNE

T&P Books Publishing

argent (m)	dinheiro (m)	[di'nejru]
échange (m)	câmbio (m)	['kãbiu]
cours (m) de change	taxa (f) de câmbio	['taʃɐ də 'kãbiu]
distributeur (m)	Caixa Multibanco (m)	['kaɪʃɐ multi'bãku]
monnaie (f)	moeda (f)	[mu'ɛdɐ]
dollar (m)	dólar (m)	['dɔlar]
euro (m)	euro (m)	['euru]
lire (f)	lira (f)	['lirɐ]
mark (m) allemand	marco (m)	['marku]
franc (m)	franco (m)	['frãku]
livre sterling (f)	libra (f) esterlina	['librɐ əʃtər'linɐ]
yen (m)	iene (m)	['jɛnə]
dette (f)	dívida (f)	['dividɐ]
débiteur (m)	devedor (m)	[dəvə'dor]
prêter (vt)	emprestar (vt)	[ẽprə'ʃtar]
emprunter (vt)	pedir emprestado	[pə'dir ẽprə'ʃtadu]
banque (f)	banco (m)	['bãku]
compte (m)	conta (f)	['kõtɐ]
verser (dans le compte)	depositar (vt)	[dəpuzi'tar]
verser dans le compte	depositar na conta	[dəpuzi'tar nɐ 'kõtɐ]
retirer du compte	levantar (vt)	[ləvã'tar]
carte (f) de crédit	cartão (m) de crédito	[kɐr'tãu də 'krɛditu]
espèces (f pl)	dinheiro (m) vivo	[di'nejru 'vivu]
chèque (m)	cheque (m)	['ʃɛkə]
faire un chèque	passar um cheque	[pɐ'sar ũ 'ʃɛkə]
chéquier (m)	livro (m) de cheques	['livru də 'ʃɛkəʃ]
portefeuille (m)	carteira (f)	[kɐr'tejrɐ]
bourse (f)	porta-moedas (m)	['pɔrtɐ mu'ɛdɐʃ]
coffre fort (m)	cofre (m)	['kɔfrɐ]
héritier (m)	herdeiro (m)	[er'dejru]
héritage (m)	herança (f)	[e'rãsɐ]
fortune (f)	fortuna (f)	[fur'tunɐ]
location (f)	arrendamento (m)	[ɐʀẽdɐ'mẽtu]
loyer (m) (argent)	renda (f) de casa	['ʀẽdɐ də 'kazɐ]
louer (prendre en location)	alugar (vt)	[ɐlu'gar]
prix (m)	preço (m)	['presu]

coût (m)	custo (m)	['kuʃtu]
somme (f)	soma (f)	['some]
dépenser (vt)	gastar (vt)	[ge'ʃtar]
dépenses (f pl)	gastos (m pl)	['gaʃtuʃ]
économiser (vt)	economizar (vi)	[ekɔnumi'zar]
économe (adj)	económico	[eku'nɔmiku]
payer (régler)	pagar (vt)	[pe'gar]
paiement (m)	pagamento (m)	[pege'mẽtu]
monnaie (f) (rendre la ~)	troco (m)	['troku]
impôt (m)	imposto (m)	[i'poʃtu]
amende (f)	multa (f)	['multe]
mettre une amende	multar (vt)	[mul'tar]

42. La poste. Les services postaux

poste (f)	correios (m pl)	[ku'ʀejuʃ]
courrier (m) (lettres, etc.)	correio (m)	[ku'ʀeju]
facteur (m)	carteiro (m)	[ker'tejru]
heures (f pl) d'ouverture	horário (m)	[ɔ'rariu]
lettre (f)	carta (f)	['karte]
recommandé (m)	carta (f) registada	['karte ʀeʒi'ʃtade]
carte (f) postale	postal (m)	[pu'ʃtal]
télégramme (m)	telegrama (m)	[tele'gʀeme]
colis (m)	encomenda (f) postal	[ẽku'mẽde pu'ʃtal]
mandat (m) postal	remessa (f) de dinheiro	[ʀe'mɛse de di'ɲejru]
recevoir (vt)	receber (vt)	[ʀese'ber]
envoyer (vt)	enviar (vt)	[ẽ'vjar]
envoi (m)	envio (m)	[ẽ'viu]
adresse (f)	endereço (m)	[ẽde'resu]
code (m) postal	código (m) postal	['kɔdigu pu'ʃtal]
expéditeur (m)	remetente (m)	[ʀeme'tẽte]
destinataire (m)	destinatário (m)	[deʃtine'tariu]
prénom (m)	nome (m)	['nome]
nom (m) de famille	apelido (m)	[epe'lidu]
tarif (m)	tarifa (f)	[te'rife]
normal (adj)	ordinário	[ɔrdi'nariu]
économique (adj)	económico	[eku'nɔmiku]
poids (m)	peso (m)	['pezu]
peser (~ les lettres)	pesar (vt)	[pe'zar]
enveloppe (f)	envelope (m)	[ẽve'lɔpe]
timbre (m)	selo (m)	['selu]
timbrer (vt)	colar o selo	[ku'lar u 'selu]

43. Les opérations bancaires

banque (f)	**banco** (m)	['bãku]
agence (f) bancaire	**sucursal, balcão** (f)	[sukur'sal], [ba'lkãu]
conseiller (m)	**consultor** (m)	[kõsul'tor]
gérant (m)	**gerente** (m)	[ʒə'rẽtə]
compte (m)	**conta** (f)	['kõtɐ]
numéro (m) du compte	**número** (m) **da conta**	['numəru də 'kõtɐ]
compte (m) courant	**conta** (f) **corrente**	['kõtɐ ku'ʀẽtɐ]
compte (m) sur livret	**conta** (f) **poupança**	['kõtɐ po'pãsɐ]
ouvrir un compte	**abrir uma conta**	[ɐ'brir 'umɐ 'kõtɐ]
clôturer le compte	**fechar uma conta**	[fə'ʃar 'umɐ 'kõtɐ]
verser dans le compte	**depositar na conta**	[dəpuzi'tar nɐ 'kõtɐ]
retirer du compte	**levantar** (vt)	[ləvã'tar]
dépôt (m)	**depósito** (m)	[də'pozitu]
faire un dépôt	**fazer um depósito**	[fɐ'zer ũ də'pozitu]
virement (m) bancaire	**transferência** (f) **bancária**	[trãʃfɐ'ʀẽsiɐ bã'kariɐ]
faire un transfert	**transferir** (vt)	[trãʃfɐ'rir]
somme (f)	**soma** (f)	['somɐ]
Combien?	**Quanto?**	[ku'ãtu]
signature (f)	**assinatura** (f)	[ɐsinɐ'turɐ]
signer (vt)	**assinar** (vt)	[ɐsi'nar]
carte (f) de crédit	**cartão** (m) **de crédito**	[kɐr'tãu də 'krɛditu]
code (m)	**código** (m)	['kɔdigu]
numéro (m) de carte de crédit	**número** (m) **do cartão de crédito**	['numəru du kɐr'tãu də 'krɛditu]
distributeur (m)	**Caixa Multibanco** (m)	['kaiʃɐ multi'bãku]
chèque (m)	**cheque** (m)	['ʃɛkə]
faire un chèque	**passar um cheque**	[pɐ'sar ũ 'ʃɛkə]
chéquier (m)	**livro** (m) **de cheques**	['livru də 'ʃɛkəʃ]
crédit (m)	**empréstimo** (m)	[ẽ'prɛʃtimu]
demander un crédit	**pedir um empréstimo**	[pə'dir un ẽ'prɛʃtimu]
prendre un crédit	**obter um empréstimo**	[ɔb'ter un ẽp'rɛʃtimu]
accorder un crédit	**conceder um empréstimo**	[kõsə'der un ẽp'rɛʃtimu]
gage (m)	**garantia** (f)	[gɐrã'tiɐ]

44. Le téléphone. La conversation téléphonique

téléphone (m)	**telefone** (m)	[tələ'fonə]
portable (m)	**telemóvel** (m)	[tɛlɛ'movɛl]

répondeur (m)	secretária (f) eletrónica	[səkrə'tariɛ elɛ'trɔnikɛ]
téléphoner, appeler	fazer uma chamada	[fe'zer 'umɛ ʃe'madɛ]
appel (m)	chamada (f)	[ʃe'madɛ]
composer le numéro	marcar um número	[mer'kar ũ 'numəru]
Allô!	Alô!	[e'lo]
demander (~ l'heure)	perguntar (vt)	[pərgũ'tar]
répondre (vi, vt)	responder (vt)	[ʀəʃpõ'der]
entendre (bruit, etc.)	ouvir (vt)	[o'vir]
bien (adv)	bem	[bẽj]
mal (adv)	mal	[mal]
bruits (m pl)	ruído (m)	[ʀu'idu]
récepteur (m)	auscultador (m)	[auʃkultɛ'dor]
décrocher (vt)	pegar o telefone	[pə'gar u tələ'fɔnə]
raccrocher (vi)	desligar (vi)	[dəʒli'gar]
occupé (adj)	ocupado	[ɔku'padu]
sonner (vi)	tocar (vi)	[tu'kar]
carnet (m) de téléphone	lista (f) telefónica	['liʃte tələ'fonikɛ]
local (adj)	local	[lu'kal]
appel (m) local	chamada (f) local	[ʃe'madɛ lu'kal]
interurbain (adj)	de longa distância	[də 'lõgɐ di'ʃtãsiɛ]
appel (m) interurbain	chamada (f) de longa distância	[ʃa'mada də 'lõgɐ di'ʃtãsiɛ]
international (adj)	internacional	[ĩtərnɛsiu'nal]
appel (m) international	chamada (f) internacional	[ʃe'madɛ ĩtərnɛsiu'nal]

45. Le téléphone portable

portable (m)	telemóvel (m)	[tɛlɛ'mɔvɛl]
écran (m)	ecrã (m)	[ɛ'krã]
bouton (m)	botão (m)	[bu'tãu]
carte SIM (f)	cartão SIM (m)	[ker'tãu sim]
pile (f)	bateria (f)	[betə'riɛ]
être déchargé	descarregar-se	[dəʃkeʀə'garsə]
chargeur (m)	carregador (m)	[keʀɐgɛ'dor]
menu (m)	menu (m)	[mɛ'nu]
réglages (m pl)	definições (f pl)	[dəfini'sɔjʃ]
mélodie (f)	melodia (f)	[məlu'diɛ]
sélectionner (vt)	escolher (vt)	[əʃku'ʎer]
calculatrice (f)	calculadora (f)	[kalkulɛ'dorɛ]
répondeur (m)	correio (m) de voz	[ku'ʀeju də vɔʃ]
réveil (m)	despertador (m)	[dəʃpərtɛ'dor]

contacts (m pl)	contatos (m pl)	[kõ'tatuʃ]
SMS (m)	mensagem (f) de texto	[mẽ'saʒẽⁱ də 'tɛʃtu]
abonné (m)	assinante (m)	[ɐsi'nãtə]

46. La papeterie

stylo (m) à bille	caneta (f)	[kɐ'netɐ]
stylo (m) à plume	caneta (f) tinteiro	[kɐ'netɐ tĩ'tejru]
crayon (m)	lápis (m)	['lapiʃ]
marqueur (m)	marcador (m)	[mɐrkɐ'dor]
feutre (m)	caneta (f) de feltro	[kɐ'netɐ də 'feltru]
bloc-notes (m)	bloco (m) de notas	['blɔku də 'nɔtɐʃ]
agenda (m)	agenda (f)	[ɐ'ʒẽdɐ]
règle (f)	régua (f)	['ʀɛguɐ]
calculatrice (f)	calculadora (f)	[kalkulɐ'dorɐ]
gomme (f)	borracha (f)	[bu'ʀaʃɐ]
punaise (f)	pionés (m)	[piu'nɛʃ]
trombone (m)	clipe (m)	['klipə]
colle (f)	cola (f)	['kɔlɐ]
agrafeuse (f)	agrafador (m)	[ɐgrɐfɐ'dor]
perforateur (m)	furador (m)	[furɐ'dor]
taille-crayon (m)	afia-lápis (m)	[ɐ'fiɐ 'lapiʃ]

47. Les langues étrangères

langue (f)	língua (f)	['lĩguɐ]
étranger (adj)	estrangeiro	[ɐʃtrã'ʒejru]
langue (f) étrangère	língua (f) estrangeira	['lĩguɐ ɐʃtrã'ʒejrɐ]
étudier (vt)	estudar (vt)	[ɐʃtu'dar]
apprendre (~ l'arabe)	aprender (vt)	[ɐprẽ'der]
lire (vi, vt)	ler (vt)	[ler]
parler (vi, vt)	falar (vi)	[fɐ'lar]
comprendre (vt)	compreender (vt)	[kõprië'der]
écrire (vt)	escrever (vt)	[ɐʃkrə'ver]
vite (adv)	rapidamente	[ʀapidɐ'mẽtə]
lentement (adv)	devagar	[dəvɐ'gar]
couramment (adv)	fluentemente	[fluẽtə'mẽtə]
règles (f pl)	regras (f pl)	['ʀɛgrɐʃ]
grammaire (f)	gramática (f)	[grɐ'matikɐ]
vocabulaire (m)	vocabulário (m)	[vokabu'larju]
phonétique (f)	fonética (f)	[fɔ'nɛtikɐ]

manuel (m)	manual (m)	[mɐnu'al]
dictionnaire (m)	dicionário (m)	[disiu'nariu]
manuel (m) autodidacte	manual (m) de autoaprendizagem	[mɐnu'al də 'autɔɐprẽdi'zaʒẽi]
guide (m) de conversation	guia (m) de conversação	['giɐ də kõvɐrsɐ'sãu]
cassette (f)	cassete (f)	[ka'sɛtə]
cassette (f) vidéo	vídeo cassete (m)	['vidiu ka'sɛtə]
CD (m)	CD, disco (m) compacto	['sɛdɛ], ['diʃku kõ'paktu]
DVD (m)	DVD (m)	[dɛvɛ'dɛ]
alphabet (m)	alfabeto (m)	[alfɐ'bɛtu]
épeler (vt)	soletrar (vt)	[sulə'trar]
prononciation (f)	pronúncia (f)	[pru'nũsiɐ]
accent (m)	sotaque (m)	[su'takə]
avec un accent	com sotaque	[kõ su'takə]
sans accent	sem sotaque	[sẽ su'takə]
mot (m)	palavra (f)	[pɐ'lavrɐ]
sens (m)	sentido (m)	[sẽ'tidu]
cours (m pl)	cursos (m pl)	['kursuʃ]
s'inscrire (vp)	inscrever-se (vr)	[ĩʃkrɐ'versə]
professeur (m) (~ d'anglais)	professor (m)	[prufə'sor]
traduction (f) (action)	tradução (f)	[trɐdu'sãu]
traduction (f) (texte)	tradução (f)	[trɐdu'sãu]
traducteur (m)	tradutor (m)	[trɐdu'tor]
interprète (m)	intérprete (m)	[ĩ'tɛrprɐtə]
polyglotte (m)	poliglota (m)	[pɔli'glɔtə]
mémoire (f)	memória (f)	[mə'mɔriɐ]

LES REPAS.
LE RESTAURANT

T&P Books Publishing

48. Le dressage de la table

cuillère (f)	**colher** (f)	[ku'ʎɛɾ]
couteau (m)	**faca** (f)	['fakɐ]
fourchette (f)	**garfo** (m)	['garfu]
tasse (f)	**chávena** (f)	['ʃavɐnɐ]
assiette (f)	**prato** (m)	['pratu]
soucoupe (f)	**pires** (m)	['pirɐʃ]
serviette (f)	**guardanapo** (m)	[guɐrdɐ'napu]
cure-dent (m)	**palito** (m)	[pɐ'litu]

49. Le restaurant

restaurant (m)	**restaurante** (m)	[ʁɐʃtau'rãtɐ]
salon (m) de café	**café** (m)	[kɐ'fɛ]
bar (m)	**bar** (m), **cervejaria** (f)	[bar], [sɐrvɐʒɐ'riɐ]
salon (m) de thé	**salão** (m) **de chá**	[sɐ'lãu dɐ ʃa]
serveur (m)	**empregado** (m)	[ẽprɐ'gadu]
serveuse (f)	**empregada** (f)	[ẽprɐ'gadɐ]
barman (m)	**barman** (m)	['barmɐn]
carte (f)	**ementa** (f)	[e'mẽtɐ]
carte (f) des vins	**lista** (f) **de vinhos**	['liʃtɐ dɐ 'viɲuʃ]
réserver une table	**reservar uma mesa**	[ʁɐzɐr'var 'umɐ 'mezɐ]
plat (m)	**prato** (m)	['pratu]
commander (vt)	**pedir** (vt)	[pɐ'dir]
faire la commande	**pedir** (vi)	[pɐ'dir]
apéritif (m)	**aperitivo** (m)	[ɐpɐri'tivu]
hors-d'œuvre (m)	**entrada** (f)	[ẽ'tradɐ]
dessert (m)	**sobremesa** (f)	[sobrɐ'mezɐ]
addition (f)	**conta** (f)	['kõtɐ]
régler l'addition	**pagar a conta**	[pɐ'gar ɐ 'kõtɐ]
rendre la monnaie	**dar o troco**	[dar u 'troku]
pourboire (m)	**gorjeta** (f)	[gur'ʒetɐ]

50. Les repas

nourriture (f)	**comida** (f)	[ku'midɐ]
manger (vi, vt)	**comer** (vt)	[ku'mer]

petit déjeuner (m)	pequeno-almoço (m)	[pə'kenu al'mosu]
prendre le petit déjeuner	tomar o pequeno-almoço	[tu'mar u pə'kenu al'mosu]
déjeuner (m)	almoço (m)	[al'mosu]
déjeuner (vi)	almoçar (vi)	[almu'sar]
dîner (m)	jantar (m)	[ʒã'tar]
dîner (vi)	jantar (vi)	[ʒã'tar]

| appétit (m) | apetite (m) | [ɐpə'titə] |
| Bon appétit! | Bom apetite! | [bõ ɐpə'titə] |

ouvrir (vt)	abrir (vt)	[ɐ'brir]
renverser (liquide)	derramar (vt)	[dəʀe'mar]
se renverser (liquide)	derramar-se (vr)	[dəʀe'marsə]

bouillir (vi)	ferver (vi)	[fər'ver]
faire bouillir	ferver (vt)	[fər'ver]
bouilli (l'eau ~e)	fervido	[fər'vidu]
refroidir (vt)	arrefecer (vt)	[ɐʀəfə'ser]
se refroidir (vp)	arrefecer-se (vr)	[ɐʀəfə'sersə]

| goût (m) | sabor, gosto (m) | [sɐ'bor], ['goʃtu] |
| arrière-goût (m) | gostinho (m) | [gu'ʃtiɲu] |

suivre un régime	fazer dieta	[fɐ'zer di'ɛtɐ]
régime (m)	dieta (f)	[di'ɛtɐ]
vitamine (f)	vitamina (f)	[vitɐ'minɐ]
calorie (f)	caloria (f)	[kɐlu'riɐ]
végétarien (m)	vegetariano (m)	[vəʒətɐ'rjɐnu]
végétarien (adj)	vegetariano	[vəʒətɐ'rjɐnu]

lipides (m pl)	gorduras (f pl)	[gur'durɐʃ]
protéines (f pl)	proteínas (f pl)	[prote'inɐʃ]
glucides (m pl)	carboidratos (m pl)	[kɐrbuid'ratuʃ]
tranche (f)	fatia (f)	[fɐ'tiɐ]
morceau (m)	bocado, pedaço (m)	[bu'kadu], [pə'dasu]
miette (f)	migalha (f)	[mi'gaʎɐ]

51. Les plats cuisinés

plat (m)	prato (m)	['pratu]
cuisine (f)	cozinha (f)	[ku'ziɲɐ]
recette (f)	receita (f)	[ʀə'sejtɐ]
portion (f)	porção (f)	[pur'sãu]

| salade (f) | salada (f) | [sɐ'ladɐ] |
| soupe (f) | sopa (f) | ['sopɐ] |

bouillon (m)	caldo (m)	['kaldu]
sandwich (m)	sandes (f)	['sãdəʃ]
les œufs brouillés	ovos (m pl) estrelados	['ɔvuʃ əʃtrə'laduʃ]

hamburger (m)	**hambúrguer** (m)	[ã'burgɛr]
steak (m)	**bife** (m)	['bifə]
garniture (f)	**conduto** (m)	[kõ'dutu]
spaghettis (m pl)	**espaguete** (m)	[əʃpɐ'getə]
purée (f)	**puré** (m) **de batata**	[pu'rɛ də bɐ'tatɐ]
pizza (f)	**pizza** (f)	['pitzɐ]
bouillie (f)	**papa** (f)	['papɐ]
omelette (f)	**omelete** (f)	[ɔmɐ'lɛtɐ]
cuit à l'eau (adj)	**cozido**	[ku'zidu]
fumé (adj)	**fumado**	[fu'madu]
frit (adj)	**frito**	['fritu]
sec (adj)	**seco**	['seku]
congelé (adj)	**congelado**	[kõʒɐ'ladu]
mariné (adj)	**em conserva**	[ẽ kõ'sɛrvɐ]
sucré (adj)	**doce, açucarado**	['dosɐ], [ɐsukɐ'radu]
salé (adj)	**salgado**	[sa'lgadu]
froid (adj)	**frio**	['friu]
chaud (adj)	**quente**	['kẽtɐ]
amer (adj)	**amargo**	[ɐ'margu]
bon (savoureux)	**gostoso**	[gu'ʃtozu]
cuire à l'eau	**cozinhar em água a ferver**	[kuzi'ɲar ɛn 'aguɐ ɐ fɐr'ver]
préparer (le dîner)	**preparar** (vt)	[prɐpɐ'rar]
faire frire	**fritar** (vt)	[fri'tar]
réchauffer (vt)	**aquecer** (vt)	[ɐkɛ'ser]
saler (vt)	**salgar** (vt)	[sa'lgar]
poivrer (vt)	**apimentar** (vt)	[ɐpimẽ'tar]
râper (vt)	**ralar** (vt)	[ʀɐ'lar]
peau (f)	**casca** (f)	['kaʃkɐ]
éplucher (vt)	**descascar** (vt)	[dɐʃkɐ'ʃkar]

52. Les aliments

viande (f)	**carne** (f)	['karnɐ]
poulet (m)	**galinha** (f)	[gɐ'liɲɐ]
poulet (m) (poussin)	**frango** (m)	['frãgu]
canard (m)	**pato** (m)	['patu]
oie (f)	**ganso** (m)	['gãsu]
gibier (m)	**caça** (f)	['kasɐ]
dinde (f)	**peru** (m)	[pɐ'ru]
du porc	**carne** (f) **de porco**	['karnɐ də 'porku]
du veau	**carne** (f) **de vitela**	['karnɐ də vi'tɛlɐ]
du mouton	**carne** (f) **de carneiro**	['karnɐ də kɐr'nɐjru]
du bœuf	**carne** (f) **de vaca**	['karnɐ də 'vakɐ]

lapin (m)	**carne** (f) **de coelho**	['karnə də ku'ɐʎu]
saucisson (m)	**chouriço, salsichão** (m)	[ʃo'risu], [salsi'ʃãu]
saucisse (f)	**salsicha** (f)	[sa'lsiʃə]
bacon (m)	**bacon** (m)	['bɐjken]
jambon (m)	**fiambre** (f)	['fjãbrə]
cuisse (f)	**presunto** (m)	[prə'zũtu]
pâté (m)	**patê** (m)	[pɐ'te]
foie (m)	**fígado** (m)	['figɐdu]
farce (f)	**carne** (f) **moída**	['karnə mu'idə]
langue (f)	**língua** (f)	['lĩguɐ]
œuf (m)	**ovo** (m)	['ovu]
les œufs	**ovos** (m pl)	['ɔvuʃ]
blanc (m) d'œuf	**clara** (f) **do ovo**	['klarɐ du 'ovu]
jaune (m) d'œuf	**gema** (f) **do ovo**	['ʒeme du 'ovu]
poisson (m)	**peixe** (m)	['pɐjʃə]
fruits (m pl) de mer	**mariscos** (m pl)	[mɐ'riʃkuʃ]
crustacés (m pl)	**crustáceos** (m pl)	[kru'ʃtasiuʃ]
caviar (m)	**caviar** (m)	[ka'vjar]
crabe (m)	**caranguejo** (m)	[kɐrã'gɐʒu]
crevette (f)	**camarão** (m)	[kɐmɐ'rãu]
huître (f)	**ostra** (f)	['ɔʃtrɐ]
langoustine (f)	**lagosta** (f)	[lɐ'goʃtɐ]
poulpe (m)	**polvo** (m)	['polvu]
calamar (m)	**lula** (f)	['lulɐ]
esturgeon (m)	**esturjão** (m)	[əʃtur'ʒãu]
saumon (m)	**salmão** (m)	[sal'mãu]
flétan (m)	**halibute** (m)	[ali'butə]
morue (f)	**bacalhau** (m)	[bɐkɐ'ʎau]
maquereau (m)	**cavala, sarda** (f)	[kɐ'valɐ], ['sardɐ]
thon (m)	**atum** (m)	[ɐ'tũ]
anguille (f)	**enguia** (f)	[ẽ'giɐ]
truite (f)	**truta** (f)	['trutɐ]
sardine (f)	**sardinha** (f)	[sɐr'diɲɐ]
brochet (m)	**lúcio** (m)	['lusiu]
hareng (m)	**arenque** (m)	[ɐ'rẽkə]
pain (m)	**pão** (m)	['pãu]
fromage (m)	**queijo** (m)	['kɐjʒu]
sucre (m)	**açúcar** (m)	[ɐ'sukar]
sel (m)	**sal** (m)	[sal]
riz (m)	**arroz** (m)	[ɐ'ʀɔʒ]
pâtes (m pl)	**massas** (f pl)	['masɐʃ]
nouilles (f pl)	**talharim** (m)	[tɐʎɐ'rĩ]
beurre (m)	**manteiga** (f)	[mã'tɐjgɐ]

huile (f) végétale	óleo (m) vegetal	['ɔliu vəʒə'tal]
huile (f) de tournesol	óleo (m) de girassol	['ɔliu də ʒirɐ'sɔl]
margarine (f)	margarina (f)	[mɐrgɐ'rinɐ]
olives (f pl)	azeitonas (f pl)	[ɐzɐj'tonɐʒ]
huile (f) d'olive	azeite (m)	[ɐ'zɐjtə]
lait (m)	leite (m)	['lɐjtə]
lait (m) condensé	leite (m) condensado	['lɐjtə kõdẽ'sadu]
yogourt (m)	iogurte (m)	[jɔ'gurtə]
crème (f) aigre	nata (f) azeda	['natɐ ɐ'zedɐ]
crème (f) (de lait)	nata (f) do leite	['natɐ du 'lɐjtə]
sauce (f) mayonnaise	maionese (f)	[maju'nezə]
crème (f) au beurre	creme (m)	['krɛmə]
gruau (m)	grãos (m pl) de cereais	['grãuʃ də sə'rjaɪʃ]
farine (f)	farinha (f)	[fɐ'riɲɐ]
conserves (f pl)	enlatados (m pl)	[ẽlɐ'taduʃ]
pétales (m pl) de maïs	flocos (m pl) de milho	['flɔkuʃ də 'miʎu]
miel (m)	mel (m)	[mɛl]
confiture (f)	doce (m)	['dosə]
gomme (f) à mâcher	pastilha (f) elástica	[pɐ'ʃtiʎɐ e'laʃtikɐ]

53. Les boissons

eau (f)	água (f)	['aguɐ]
eau (f) potable	água (f) potável	['aguɐ pu'tavɛl]
eau (f) minérale	água (f) mineral	['aguɐ minə'ral]
plate (adj)	sem gás	[sẽ gaʃ]
gazeuse (l'eau ~)	gaseificada	[gɐziifi'kadɐ]
pétillante (adj)	com gás	[kõ gaʃ]
glace (f)	gelo (m)	['ʒelu]
avec de la glace	com gelo	[kõ 'ʒelu]
sans alcool	sem álcool	[sɛm 'alkuɔl]
boisson (f) non alcoolisée	bebida (f) sem álcool	[bə'bidɐ sɛn 'alkuɔl]
rafraîchissement (m)	refresco (m)	[ʀə'freʃku]
limonade (f)	limonada (f)	[limu'nadɐ]
boissons (f pl) alcoolisées	bebidas (f pl) alcoólicas	[bə'bidɐʃ alku'ɔlikɐʃ]
vin (m)	vinho (m)	['viɲu]
vin (m) blanc	vinho (m) branco	['viɲu 'brãku]
vin (m) rouge	vinho (m) tinto	['viɲu 'tĩtu]
liqueur (f)	licor (m)	[li'kor]
champagne (m)	champanhe (m)	[ʃã'pɐɲə]
vermouth (m)	vermute (m)	[vər'mutə]

whisky (m)	uísque (m)	[u'iʃkə]
vodka (f)	vodca, vodka (f)	['vɔdkɐ]
gin (m)	gim (m)	[ʒĩ]
cognac (m)	conhaque (m)	[ku'ɲakə]
rhum (m)	rum (m)	[ʀũ]
café (m)	café (m)	[kɐ'fɛ]
café (m) noir	café (m) puro	[kɐ'fɛ 'puru]
café (m) au lait	café (m) com leite	[kɐ'fɛ kõ 'lejtə]
cappuccino (m)	cappuccino (m)	[kapu'tʃinu]
café (m) soluble	café (m) solúvel	[kɐ'fɛ su'luvɛl]
lait (m)	leite (m)	['lejtə]
cocktail (m)	coquetel (m)	[kɔkɐ'tɛl]
cocktail (m) au lait	batido (m) de leite	[bɐ'tidu də 'lejtə]
jus (m)	sumo (m)	['sumu]
jus (m) de tomate	sumo (m) de tomate	['sumu də tu'matə]
jus (m) d'orange	sumo (m) de laranja	['sumu də lɐ'ʀãʒɐ]
jus (m) pressé	sumo (m) fresco	['sumu 'freʃku]
bière (f)	cerveja (f)	[sɐr'veʒɐ]
bière (f) blonde	cerveja (f) clara	[sɐr'veʒɐ 'klarɐ]
bière (f) brune	cerveja (f) preta	[sɐr'veʒɐ 'pretɐ]
thé (m)	chá (m)	[ʃa]
thé (m) noir	chá (m) preto	[ʃa 'pretu]
thé (m) vert	chá (m) verde	[ʃa 'verdə]

54. Les légumes

légumes (m pl)	legumes (m pl)	[lə'guməʃ]
verdure (f)	verduras (f pl)	[vɐr'durɐʃ]
tomate (f)	tomate (m)	[tu'matə]
concombre (m)	pepino (m)	[pə'pinu]
carotte (f)	cenoura (f)	[sə'norɐ]
pomme (f) de terre	batata (f)	[bɐ'tatə]
oignon (m)	cebola (f)	[sə'bolɐ]
ail (m)	alho (m)	['aʎu]
chou (m)	couve (f)	['kovə]
chou-fleur (m)	couve-flor (f)	['kovə 'flor]
chou (m) de Bruxelles	couve-de-bruxelas (f)	['kovə də bru'ʃɛlɐʃ]
brocoli (m)	brócolos (m pl)	['brɔkuluʃ]
betterave (f)	beterraba (f)	[bətə'ʀabɐ]
aubergine (f)	beringela (f)	[bɐɲ'ʒɛlɐ]
courgette (f)	curgete (f)	[kur'ʒɛtɐ]
potiron (m)	abóbora (f)	[ɐ'bɔburɐ]

navet (m)	nabo (m)	['nabu]
persil (m)	salsa (f)	['salsɐ]
fenouil (m)	funcho, endro (m)	['fũʃu], ['ẽdru]
laitue (f) (salade)	alface (f)	[al'fasə]
céleri (m)	aipo (m)	['ajpu]
asperge (f)	espargo (m)	[ə'ʃpargu]
épinard (m)	espinafre (m)	[əʃpi'nafrə]
pois (m)	ervilha (f)	[er'viʎɐ]
fèves (f pl)	fava (f)	['favɐ]
maïs (m)	milho (m)	['miʎu]
haricot (m)	feijão (m)	[fɐj'ʒãu]
poivron (m)	pimentão (m)	[pimẽ'tãu]
radis (m)	rabanete (m)	[ʁɐbɐ'netə]
artichaut (m)	alcachofra (f)	[alkɐ'ʃofrɐ]

55. Les fruits. Les noix

fruit (m)	fruta (f)	['frutɐ]
pomme (f)	maçã (f)	[mɐ'sã]
poire (f)	pera (f)	['peɾɐ]
citron (m)	limão (m)	[li'mãu]
orange (f)	laranja (f)	[lɐ'rãʒɐ]
fraise (f)	morango (m)	[mu'rãgu]
mandarine (f)	tangerina (f)	[tãʒə'rinɐ]
prune (f)	ameixa (f)	[ɐ'mejʃɐ]
pêche (f)	pêssego (m)	['pesəgu]
abricot (m)	damasco (m)	[dɐ'maʃku]
framboise (f)	framboesa (f)	[frãbu'ezɐ]
ananas (m)	ananás (m)	[ɐnɐ'naʃ]
banane (f)	banana (f)	[bɐ'nɐnɐ]
pastèque (f)	melancia (f)	[məlã'siɐ]
raisin (m)	uva (f)	['uvɐ]
cerise (f)	ginja (f)	['ʒĩʒɐ]
merise (f)	cereja (f)	[sə'rɐʒɐ]
melon (m)	meloa (f), melão (m)	[mə'loɐ], [mə'lãu]
pamplemousse (m)	toranja (f)	[tu'rãʒɐ]
avocat (m)	abacate (m)	[ɐbɐ'katə]
papaye (f)	papaia (f), mamão (m)	[pɐ'pajɐ], [mɐ'mãu]
mangue (f)	manga (f)	['mãgɐ]
grenade (f)	romã (f)	[ʁu'mã]
groseille (f) rouge	groselha (f) vermelha	[gru'zɐʎɐ vər'mɐʎɐ]
cassis (m)	groselha (f) preta	[gru'zɐʎɐ 'pretɐ]
groseille (f) verte	groselha (f) espinhosa	[gru'zɐʎɐ əʃpi'ɲɔzɐ]
myrtille (f)	mirtilo (m)	[mir'tilu]

mûre (f)	amora silvestre (f)	[ɐ'mɔɾɛ sil'vɛʃtɾə]
raisin (m) sec	uvas (f pl) passas	['uvɐʃ 'pasɐʃ]
figue (f)	figo (m)	['figu]
datte (f)	tâmara (f)	['tɐmɐɾɐ]

cacahuète (f)	amendoim (m)	[ɐmẽdu'ĩ]
amande (f)	amêndoa (f)	[ɐ'mẽduɐ]
noix (f)	noz (f)	[nɔʒ]
noisette (f)	avelã (f)	[ɐvə'lã]
noix (f) de coco	coco (m)	['koku]
pistaches (f pl)	pistáchios (m pl)	[pi'ʃtaʃiuʃ]

56. Le pain. Les confiseries

confiserie (f)	pastelaria (f)	[pɐʃtɐlɐ'ɾiɐ]
pain (m)	pão (m)	['pãu]
biscuit (m)	bolacha (f)	[bu'laʃɐ]

chocolat (m)	chocolate (m)	[ʃuku'latɐ]
en chocolat (adj)	de chocolate	[də ʃuku'latɐ]
bonbon (m)	rebuçado (m)	[ʀɐbu'sadu]
gâteau (m), pâtisserie (f)	bolo (m)	['bolu]
tarte (f)	bolo (m) de aniversário	['bolu də ɐnivər'sariu]

| gâteau (m) | tarte (f) | ['tartə] |
| garniture (f) | recheio (m) | [ʀɐ'ʃɐju] |

confiture (f)	doce (m)	['dosɐ]
marmelade (f)	geleia (f) de frutas	[ʒə'lɐjɐ də 'frutɐʃ]
gaufre (f)	waffle (m)	['wɐjfɐl]
glace (f)	gelado (m)	[ʒə'ladu]
pudding (m)	pudim (m)	[pu'dĩ]

57. Les épices

sel (m)	sal (m)	[sal]
salé (adj)	salgado	[sa'lgadu]
saler (vt)	salgar (vt)	[sa'lgar]

poivre (m) noir	pimenta (f) preta	[pi'mẽtɐ 'pretɐ]
poivre (m) rouge	pimenta (f) vermelha	[pi'mẽtɐ vər'mɐʎɐ]
moutarde (f)	mostarda (f)	[mu'ʃtardɐ]
raifort (m)	raiz-forte (f)	[ʀɐ'iʃ 'fortə]

condiment (m)	condimento (m)	[kõdi'mẽtu]
épice (f)	especiaria (f)	[əʃpəsiɐ'ɾiɐ]
sauce (f)	molho (m)	['moʎu]
vinaigre (m)	vinagre (m)	[vi'nagɾə]

anis (m)	**anis** (m)	[ɐ'niʃ]
basilic (m)	**manjericão** (m)	[mɐ̃ʒɐri'kãu]
clou (m) de girofle	**cravo** (m)	['kravu]
gingembre (m)	**gengibre** (m)	[ʒẽ'ʒibrə]
coriandre (m)	**coentro** (m)	[ku'ẽtru]
cannelle (f)	**canela** (f)	[kɐ'nɛlə]
sésame (m)	**sésamo** (m)	['sɛzemu]
feuille (f) de laurier	**folhas** (f pl) **de louro**	['foʎeʃ də 'loru]
paprika (m)	**páprica** (f)	['paprikɐ]
cumin (m)	**cominho** (m)	[ku'miɲu]
safran (m)	**açafrão** (m)	[ɐsɐ'frãu]

LES DONNÉES PERSONNELLES. LA FAMILLE

T&P Books Publishing

prénom (m)	**nome** (m)	['nomə]
nom (m) de famille	**apelido** (m)	[ɐpə'lidu]
date (f) de naissance	**data** (f) **de nascimento**	['datɐ də nɐʃsi'mẽtu]
lieu (m) de naissance	**local** (m) **de nascimento**	[lu'kal də nɐʃsi'mẽtu]
nationalité (f)	**nacionalidade** (f)	[nɐsiuneli'dadə]
domicile (m)	**lugar** (m) **de residência**	[lu'gar də ʀəzi'dẽsiɐ]
pays (m)	**país** (m)	[pɐ'iʃ]
profession (f)	**profissão** (f)	[prufi'sãu]
sexe (m)	**sexo** (m)	['sɛksu]
taille (f)	**estatura** (f)	[əʃtɐ'turɐ]
poids (m)	**peso** (m)	['pezu]

mère (f)	**mãe** (f)	[mẽ ʲ]
père (m)	**pai** (m)	[paj]
fils (m)	**filho** (m)	['fiʎu]
fille (f)	**filha** (f)	['fiʎɐ]
fille (f) cadette	**filha** (f) **mais nova**	['fiʎɐ 'maɪʃ 'nɔvɐ]
fils (m) cadet	**filho** (m) **mais novo**	['fiʎu 'maɪʃ 'novu]
fille (f) aînée	**filha** (f) **mais velha**	['fiʎɐ 'maɪʃ 'vɛʎɐ]
fils (m) aîné	**filho** (m) **mais velho**	['fiʎu 'maɪʃ 'vɛʎu]
frère (m)	**irmão** (m)	[ir'mãu]
frère (m) aîné	**irmão** (m) **mais velho**	[ir'mãu 'maɪʃ 'vɛʎu]
frère (m) cadet	**irmão** (m) **mais novo**	[ir'mãu 'maɪʃ 'novu]
sœur (f)	**irmã** (f)	[ir'mã]
sœur (f) aînée	**irmã** (f) **mais velha**	[ir'mã 'maɪʃ 'vɛʎɐ]
sœur (f) cadette	**irmã** (f) **mais nova**	[ir'mã 'maɪʃ 'nɔvɐ]
cousin (m)	**primo** (m)	['primu]
cousine (f)	**prima** (f)	['primɐ]
maman (f)	**mamã** (f)	[mɐ'mã]
papa (m)	**papá** (m)	[pɐ'pa]
parents (m pl)	**pais** (pl)	['paɪʃ]
enfant (m, f)	**criança** (f)	[kri'ãsɐ]
enfants (pl)	**crianças** (f pl)	[kri'ãsɐʃ]
grand-mère (f)	**avó** (f)	[ɐ'vɔ]
grand-père (m)	**avô** (m)	[ɐ'vo]

petit-fils (m)	neto (m)	['nɛtu]
petite-fille (f)	neta (f)	['nɛtɐ]
petits-enfants (pl)	netos (pl)	['nɛtuʃ]

oncle (m)	tio (m)	['tiu]
tante (f)	tia (f)	['tiɐ]
neveu (m)	sobrinho (m)	[su'briɲu]
nièce (f)	sobrinha (f)	[su'briɲɐ]

belle-mère (f)	sogra (f)	['sɔgrɐ]
beau-père (m)	sogro (m)	['sogru]
gendre (m)	genro (m)	['ʒẽru]
belle-mère (f)	madrasta (f)	[mɐ'draʃtɐ]
beau-père (m)	padrasto (m)	[pɐ'draʃtu]

nourrisson (m)	criança (f) de colo	[kri'ãsɐ dɐ 'kɔlu]
bébé (m)	bebé (m)	[bɐ'bɛ]
petit (m)	menino (m)	[mɐ'ninu]

femme (f)	mulher (f)	[mu'ʎɛr]
mari (m)	marido (m)	[mɐ'ridu]
époux (m)	esposo (m)	[ɐ'ʃpozu]
épouse (f)	esposa (f)	[ɐ'ʃpozɐ]

marié (adj)	casado	[kɐ'zadu]
mariée (adj)	casada	[kɐ'zadɐ]
célibataire (adj)	solteiro	[sɔl'tɐjru]
célibataire (m)	solteirão (m)	[sɔltɐj'rãu]
divorcé (adj)	divorciado	[divur'sjadu]
veuve (f)	viúva (f)	['vjuvɐ]
veuf (m)	viúvo (m)	['vjuvu]

parent (m)	parente (m)	[pɐ'rẽtɐ]
parent (m) proche	parente (m) próximo	[pɐ'rẽtɐ 'prɔsimu]
parent (m) éloigné	parente (m) distante	[pɐ'rẽtɐ di'ʃtãtɐ]
parents (m pl)	parentes (m pl)	[pɐ'rẽtɐʃ]

orphelin (m)	órfão (m)	['ɔrfãu]
orpheline (f)	órfã (f)	['ɔrfã]
tuteur (m)	tutor (m)	[tu'tor]
adopter (un garçon)	adotar (vt)	[ɐdɔ'tar]
adopter (une fille)	adotar (vt)	[ɐdɔ'tar]

60. Les amis. Les collègues

ami (m)	amigo (m)	[ɐ'migu]
amie (f)	amiga (f)	[ɐ'migɐ]
amitié (f)	amizade (f)	[ɐmi'zadɐ]
être ami	ser amigos	[ser ɐ'miguʃ]
copain (m)	amigo (m)	[ɐ'migu]

copine (f)	**amiga** (f)	[ɐ'migɐ]
partenaire (m)	**parceiro** (m)	[pɐr'sejru]
chef (m)	**chefe** (m)	['ʃɛfə]
supérieur (m)	**superior** (m)	[supə'rjor]
propriétaire (m)	**proprietário** (m)	[pruprɪɛ'tariu]
subordonné (m)	**subordinado** (m)	[suburdi'nadu]
collègue (m, f)	**colega** (m)	[ku'lɛgɐ]
connaissance (f)	**conhecido** (m)	[kuɲə'sidu]
compagnon (m) de route	**companheiro** (m) **de viagem**	[kõpɐ'ɲejru də 'vjaʒẽj]
copain (m) de classe	**colega** (m) **de classe**	[ku'lɛgɐ də 'klasə]
voisin (m)	**vizinho** (m)	[vi'ziɲu]
voisine (f)	**vizinha** (f)	[vi'ziɲɐ]
voisins (m pl)	**vizinhos** (pl)	[vi'ziɲuʃ]

T&P BOOKS

LE CORPS HUMAIN. LES MÉDICAMENTS

T&P Books Publishing

tête (f)	**cabeça** (f)	[kɐ'besɐ]
visage (m)	**cara** (f)	['karɐ]
nez (m)	**nariz** (m)	[nɐ'riʒ]
bouche (f)	**boca** (f)	['bokɐ]
œil (m)	**olho** (m)	['oʎu]
les yeux	**olhos** (m pl)	['ɔʎuʃ]
pupille (f)	**pupila** (f)	[pu'pilɐ]
sourcil (m)	**sobrancelha** (f)	[subrɐ̃'seʎɐ]
cil (m)	**pestana** (f)	[pɐ'ʃtɐnɐ]
paupière (f)	**pálpebra** (f)	['palpɐbrɐ]
langue (f)	**língua** (f)	['lĩguɐ]
dent (f)	**dente** (m)	['dẽtɐ]
lèvres (f pl)	**lábios** (m pl)	['labiuʃ]
pommettes (f pl)	**maçãs** (f pl) **do rosto**	[mɐ'sɐ̃ʃ du 'Roʃtu]
gencive (f)	**gengiva** (f)	[ʒẽ'ʒivɐ]
palais (m)	**palato** (m)	[pɐ'latu]
narines (f pl)	**narinas** (f pl)	[nɐ'rinɐʃ]
menton (m)	**queixo** (m)	['keɪʃu]
mâchoire (f)	**mandíbula** (f)	[mɐ̃'dibulɐ]
joue (f)	**bochecha** (f)	[bu'ʃeʃɐ]
front (m)	**testa** (f)	['tɛʃtɐ]
tempe (f)	**têmpora** (f)	['tẽpurɐ]
oreille (f)	**orelha** (f)	[ɔ'reʎɐ]
nuque (f)	**nuca** (f)	['nukɐ]
cou (m)	**pescoço** (m), **colo** (m)	[pɐ'ʃkosu], ['kɔlu]
gorge (f)	**garganta** (f)	[gɐr'gɐ̃tɐ]
cheveux (m pl)	**cabelos** (m pl)	[kɐ'beluʃ]
coiffure (f)	**penteado** (m)	[pẽ'tjadu]
coupe (f)	**corte** (m) **de cabelo**	['kɔrtɐ dɐ kɐ'belu]
perruque (f)	**peruca** (f)	[pɐ'rukɐ]
moustache (f)	**bigode** (m)	[bi'gɔdɐ]
barbe (f)	**barba** (f)	['barbɐ]
porter (~ la barbe)	**usar, ter** (vt)	[u'zar], [ter]
tresse (f)	**trança** (f)	['trɐ̃sɐ]
favoris (m pl)	**suíças** (f pl)	[su'isɐʃ]
roux (adj)	**ruivo**	['Rujvu]
gris, grisonnant (adj)	**grisalho**	[gri'zaʎu]

chauve (adj)	calvo	['kalvu]
calvitie (f)	calva (f)	['kalvɐ]

queue (f) de cheval	rabo-de-cavalo (m)	[ʀabu də kɐ'valu]
frange (f)	franja (f)	['frãʒɐ]

62. Le corps humain

main (f)	mão (f)	['mãu]
bras (m)	braço (m)	['brasu]

doigt (m)	dedo (m)	['dedu]
orteil (m)	dedo (m)	['dedu]
pouce (m)	polegar (m)	[pulə'gar]
petit doigt (m)	dedo (m) mindinho	['dedu mĩ'diɲu]
ongle (m)	unha (f)	['uɲɐ]

poing (m)	punho (m)	['puɲu]
paume (f)	palma (f)	['palmɐ]
poignet (m)	pulso (m)	['pulsu]
avant-bras (m)	antebraço (m)	[ãtə'brasu]
coude (m)	cotovelo (m)	[kutu'velu]
épaule (f)	ombro (m)	['õbru]

jambe (f)	perna (f)	['pɛrnɐ]
pied (m)	pé (m)	[pɛ]
genou (m)	joelho (m)	[ʒu'ɐʎu]
mollet (m)	barriga (f) da perna	[bɐ'ʀigɐ də 'pɛrnɐ]

hanche (f)	anca (f)	[ãkɐ]
talon (m)	calcanhar (m)	[kalkɐ'ɲar]

corps (m)	corpo (m)	['korpu]
ventre (m)	barriga (f)	[bɐ'ʀigɐ]
poitrine (f)	peito (m)	['pɐjtu]
sein (m)	seio (m)	['sɐju]
côté (m)	lado (m)	['ladu]
dos (m)	costas (f pl)	['kɔʃtɐʃ]

reins (région lombaire)	região (f) lombar	[ʀɐ'ʒjãu lõ'bar]
taille (f) (~ de guêpe)	cintura (f)	[sĩ'turɐ]

nombril (m)	umbigo (m)	[ũ'bigu]
fesses (f pl)	nádegas (f pl)	['nadɐgɐʃ]
derrière (m)	traseiro (m)	[trɐ'zɐjru]

grain (m) de beauté	sinal (m)	[si'nal]
tache (f) de vin	sinal (m) de nascença	[si'nal də nɐ'ʃsẽsɐ]
tatouage (m)	tatuagem (f)	[tɐtu'aʒẽj]
cicatrice (f)	cicatriz (f)	[sikɐ'triʒ]

63. Les maladies

maladie (f)	doença (f)	[du'ẽsə]
être malade	estar doente	[ə'ʃtar du'ẽtə]
santé (f)	saúde (f)	[sɐ'udə]

rhume (m) (coryza)	nariz (m) a escorrer	[nɐ'riʒ ɐ əʃku'ʀer]
angine (f)	amigdalite (f)	[emigdɐ'litə]
refroidissement (m)	constipação (f)	[kõʃtipɐ'sãu]
prendre froid	constipar-se (vr)	[kõʃti'parsə]

bronchite (f)	bronquite (f)	[brõ'kitə]
pneumonie (f)	pneumonia (f)	[pneumu'niɐ]
grippe (f)	gripe (f)	['gripə]

myope (adj)	míope	['miupə]
presbyte (adj)	presbita	[prə'ʒbitɐ]
strabisme (m)	estrabismo (m)	[əʃtrɐ'biʒmu]
strabique (adj)	estrábico	[ə'ʃtrabiku]
cataracte (f)	catarata (f)	[ketɐ'ratɐ]
glaucome (m)	glaucoma (m)	[glau'komɐ]

insulte (f)	AVC (m), apoplexia (f)	[avɛ'sɛ], [ɐpɔplɛ'ksiɐ]
crise (f) cardiaque	ataque (m) cardíaco	[ɐ'takə kɐr'dieku]
infarctus (m) de myocarde	enfarte (m) do miocárdio	[ẽ'fartə du miɔ'kardiu]
paralysie (f)	paralisia (f)	[pɐrɐli'ziɐ]
paralyser (vt)	paralisar (vt)	[pɐrɐli'zar]

allergie (f)	alergia (f)	[ɐlɐr'ʒiɐ]
asthme (m)	asma (f)	['aʒmɐ]
diabète (m)	diabetes (f)	[diɐ'bɛtəʃ]

mal (m) de dents	dor (f) de dentes	[dor də 'dẽtəʃ]
carie (f)	cárie (f)	['kariə]

diarrhée (f)	diarreia (f)	[diɐ'ʀejɐ]
constipation (f)	prisão (f) de ventre	[pri'zãu də 'vẽtrə]
estomac (m) barbouillé	desarranjo (m) intestinal	[dəzɐ'ʀãʒu ĩtəʃti'nal]
intoxication (f) alimentaire	intoxicação (f) alimentar	[ĩtɔksikɐ'sãu ɐlimẽ'tar]
être intoxiqué	intoxicar-se	[ĩtɔksi'karsə]

arthrite (f)	artrite (f)	[ɐr'tritə]
rachitisme (m)	raquitismo (m)	[ʀɐki'tiʒmu]
rhumatisme (m)	reumatismo (m)	[ʀiumɐ'tiʒmu]
athérosclérose (f)	arteriosclerose (f)	[ɐrtəriɔʃklɐ'rɔzə]

gastrite (f)	gastrite (f)	[gɐ'ʃtritə]
appendicite (f)	apendicite (f)	[ɐpẽdi'sitə]
cholécystite (f)	colecistite (f)	[kulɛsi'ʃtitə]
ulcère (m)	úlcera (f)	['ulsərɐ]
rougeole (f)	sarampo (m)	[sɐ'rãpu]

rubéole (f)	rubéola (f)	[ʀu'bɛulɐ]
jaunisse (f)	iterícia (f)	[itɐ'risiɐ]
hépatite (f)	hepatite (f)	[epɐ'titɐ]

schizophrénie (f)	esquizofrenia (f)	[ɐʃkizɔfrɐ'niɐ]
rage (f) (hydrophobie)	raiva (f)	['ʀajvɐ]
névrose (f)	neurose (f)	[neu'rozɐ]
commotion (f) cérébrale	comoção (f) cerebral	[kumu'sãu sɐrɐ'bral]

cancer (m)	cancro (m)	['kãkru]
sclérose (f)	esclerose (f)	[ɐʃklɐ'rozɐ]
sclérose (f) en plaques	esclerose (f) múltipla	[ɐʃklɐ'rozɐ 'multiplɐ]

alcoolisme (m)	alcoolismo (m)	[alkuu'liʒmu]
alcoolique (m)	alcoólico (m)	[alku'ɔliku]
syphilis (f)	sífilis (f)	['sifiliʃ]
SIDA (m)	SIDA (f)	['sidɐ]

tumeur (f)	tumor (m)	[tu'mor]
maligne (adj)	maligno	[mɐ'lignu]
bénigne (adj)	benigno	[bɐ'nignu]

fièvre (f)	febre (f)	['fɛbrɐ]
malaria (f)	malária (f)	[mɐ'lariɐ]
gangrène (f)	gangrena (f)	[gã'grenɐ]
mal (m) de mer	enjoo (m)	[ẽ'ʒou]
épilepsie (f)	epilepsia (f)	[epilɛp'siɐ]

épidémie (f)	epidemia (f)	[epidɐ'miɐ]
typhus (m)	tifo (m)	['tifu]
tuberculose (f)	tuberculose (f)	[tubɛrku'lozɐ]
choléra (m)	cólera (f)	['kɔlɐrɐ]
peste (f)	peste (f)	['pɛʃtɐ]

64. Les symptômes. Le traitement. Partie 1

symptôme (m)	sintoma (m)	[sĩ'tomɐ]
température (f)	temperatura (f)	[tẽpɐrɐ'turɐ]
fièvre (f)	febre (f)	['fɛbrɐ]
pouls (m)	pulso (m)	['pulsu]

vertige (m)	vertigem (f)	[vɐr'tiʒẽj]
chaud (adj)	quente	['kẽtɐ]
frisson (m)	calafrio (m)	[kelɐ'friu]
pâle (adj)	pálido	['palidu]

toux (f)	tosse (f)	['tosɐ]
tousser (vi)	tossir (vi)	[tɔ'sir]
éternuer (vi)	espirrar (vi)	[ɐʃpi'ʀar]
évanouissement (m)	desmaio (m)	[dɐ'ʒmaju]

s'évanouir (vp)	desmaiar (vi)	[dəʒme'jar]
bleu (m)	nódoa (f) negra	['nɔduɐ 'negrɐ]
bosse (f)	galo (m)	['galu]
se heurter (vp)	magoar-se (vr)	[mɐgu'arsə]
meurtrissure (f)	pisadura (f)	[pize'durɐ]
se faire mal	aleijar-se (vr)	[ɐlɐj'ʒarsə]
boiter (vi)	coxear (vi)	[kɔ'ksjar]
foulure (f)	deslocação (f)	[dəʒlukɐ'sãu]
se démettre (l'épaule, etc.)	deslocar (vt)	[dəʒlu'kar]
fracture (f)	fratura (f)	[fra'turɐ]
avoir une fracture	fraturar (vt)	[frɐtu'rar]
coupure (f)	corte (m)	['kɔrtə]
se couper (~ le doigt)	cortar-se (vr)	[kur'tarsə]
hémorragie (f)	hemorragia (f)	[emurɐ'ʒiɐ]
brûlure (f)	queimadura (f)	[kɐjmɐ'durɐ]
se brûler (vp)	queimar-se (vr)	[kɐj'marsə]
se piquer (le doigt)	picar (vt)	[pi'kar]
se piquer (vp)	picar-se (vr)	[pi'karsə]
blesser (vt)	lesionar (vt)	[ləziu'nar]
blessure (f)	lesão (m)	[lə'zãu]
plaie (f) (blessure)	ferida (f), ferimento (m)	[fə'ridɐ], [fəri'mẽtu]
trauma (m)	trauma (m)	['traumɐ]
délirer (vi)	delirar (vi)	[dəli'rar]
bégayer (vi)	gaguejar (vi)	[gɐgə'ʒar]
insolation (f)	insolação (f)	[ĩsulɐ'sãu]

65. Les symptômes. Le traitement. Partie 2

douleur (f)	dor (f)	[dor]
écharde (f)	farpa (f)	['farpɐ]
sueur (f)	suor (m)	[su'ɔr]
suer (vi)	suar (vi)	[su'ar]
vomissement (m)	vómito (m)	['vɔmitu]
spasmes (m pl)	convulsões (f pl)	[kõvu'lsoɪʃ]
enceinte (adj)	grávida	['gravidɐ]
naître (vi)	nascer (vi)	[nɐ'ʃser]
accouchement (m)	parto (m)	['partu]
accoucher (vi)	dar à luz	[dar a luʃ]
avortement (m)	aborto (m)	[ɐ'bortu]
respiration (f)	respiração (f)	[Rəʃpirɐ'sãu]
inhalation (f)	inspiração (f)	[ĩʃpirɐ'sãu]
expiration (f)	expiração (f)	[əʃpirɐ'sãu]

| expirer (vi) | expirar (vi) | [əʃpi'rar] |
| inspirer (vi) | inspirar (vi) | [ĩʃpi'rar] |

invalide (m)	inválido (m)	[ĩ'validu]
handicapé (m)	aleijado (m)	[ɐlɐj'ʒadu]
drogué (m)	toxicodependente (m)	[tɔksiku·dəpẽ'dẽtə]

sourd (adj)	surdo	['surdu]
muet (adj)	mudo	['mudu]
sourd-muet (adj)	surdo-mudo	['surdu 'mudu]

fou (adj)	louco	['loku]
fou (m)	louco (m)	['loku]
folle (f)	louca (f)	['lokɐ]
devenir fou	ficar louco	[fi'kar 'loku]

gène (m)	gene (m)	['ʒɛnə]
immunité (f)	imunidade (f)	[imuni'dadə]
héréditaire (adj)	hereditário	[erədi'tariu]
congénital (adj)	congénito	[kõ'ʒɛnitu]

virus (m)	vírus (m)	['viruʃ]
microbe (m)	micróbio (m)	[mi'krɔbiu]
bactérie (f)	bactéria (f)	[ba'ktɛriɐ]
infection (f)	infeção (f)	[ĩfɛ'sãu]

66. Les symptômes. Le traitement. Partie 3

| hôpital (m) | hospital (m) | [ɔʃpi'tal] |
| patient (m) | paciente (m) | [pɐ'sjẽtə] |

diagnostic (m)	diagnóstico (m)	[diɐ'gnɔʃtiku]
cure (f) (faire une ~)	cura (f)	['kurɐ]
traitement (m)	tratamento (m) médico	[trɐtɐ'mẽtu 'mɛdiku]
se faire soigner	curar-se (vr)	[ku'rarsə]
traiter (un patient)	tratar (vt)	[trɐ'tar]
soigner (un malade)	cuidar (vt)	[kui'dar]
soins (m pl)	cuidados (m pl)	[kui'daduʃ]

opération (f)	operação (f)	[ɔpərɐ'sãu]
panser (vt)	enfaixar (vt)	[ẽfaj'ʃar]
pansement (m)	enfaixamento (m)	[ẽfajʃɐ'mẽtu]

vaccination (f)	vacinação (f)	[vɐsinɐ'sãu]
vacciner (vt)	vacinar (vt)	[vɐsi'nar]
piqûre (f)	injeção (f)	[ĩʒɛ'sãu]
faire une piqûre	dar uma injeção	[dar 'umɐ ĩʒɛ'sãu]

| crise, attaque (f) | ataque (m) | [ɐ'takə] |
| amputation (f) | amputação (f) | [ãputɐ'sãu] |

amputer (vt)	**amputar** (vt)	[ãpu'tar]
coma (m)	**coma** (f)	['komɐ]
être dans le coma	**estar em coma**	[ə'ʃtar ẽ 'komɐ]
réanimation (f)	**reanimação** (f)	[ʀiɐnimɐ'sãu]
se rétablir (vp)	**recuperar-se** (vr)	[ʀəkupɐ'rarsə]
état (m) (de santé)	**estado** (m)	[ə'ʃtadu]
conscience (f)	**consciência** (f)	[kõ'ʃsjẽsiɐ]
mémoire (f)	**memória** (f)	[mə'mɔriɐ]
arracher (une dent)	**tirar** (vt)	[ti'rar]
plombage (m)	**chumbo** (m), **obturação** (f)	['ʃũbu], [ɔbturɐ'sãu]
plomber (vt)	**chumbar, obturar** (vt)	[ʃũ'bar], [ɔbtu'rar]
hypnose (f)	**hipnose** (f)	[ip'nɔzə]
hypnotiser (vt)	**hipnotizar** (vt)	[ipnuti'zar]

67. Les médicaments. Les accessoires

médicament (m)	**medicamento** (m)	[mədikɐ'mẽtu]
remède (m)	**remédio** (m)	[ʀə'mɛdiu]
prescrire (vt)	**receitar** (vt)	[ʀəsɐj'tar]
ordonnance (f)	**receita** (f)	[ʀə'sɐjtɐ]
comprimé (m)	**comprimido** (m)	[kõpri'midu]
onguent (m)	**pomada** (f)	[pu'madɐ]
ampoule (f)	**ampola** (f)	[ã'pɔlɐ]
mixture (f)	**preparado** (m)	[prəpɐ'radu]
sirop (m)	**xarope** (m)	[ʃɐ'rɔpə]
pilule (f)	**cápsula** (f)	['kapsulɐ]
poudre (f)	**remédio** (m) **em pó**	[ʀə'mɛdiu ẽ pɔ]
bande (f)	**ligadura** (f)	[ligɐ'durɐ]
coton (m) (ouate)	**algodão** (m)	[algu'dãu]
iode (m)	**iodo** (m)	['jodu]
sparadrap (m)	**penso** (m) **rápido**	['pẽsu 'ʀapidu]
compte-gouttes (m)	**conta-gotas** (m)	[kõtɐ 'gotɐʃ]
thermomètre (m)	**termómetro** (m)	[tər'mɔmɐtru]
seringue (f)	**seringa** (f)	[sə'rĩgɐ]
fauteuil (m) roulant	**cadeira** (f) **de rodas**	[kɐ'dɐjrɐ də 'ʀodɐʃ]
béquilles (f pl)	**muletas** (f pl)	[mu'letɐʃ]
anesthésique (m)	**analgésico** (m)	[ɐnal'ʒɛziku]
purgatif (m)	**laxante** (m)	[la'ʃãtə]
alcool (m)	**álcool** (m)	['alkuɔl]
herbe (f) médicinale	**ervas** (f pl) **medicinais**	['ɛrvɐʃ mədisi'naɪʃ]
d'herbes (adj)	**de ervas**	[də 'ɛrvɐʃ]

T&P BOOKS

L'APPARTEMENT

T&P Books Publishing

68. L'appartement

appartement (m)	**apartamento** (m)	[ɐpɐrtɐ'mẽtu]
chambre (f)	**quarto** (m)	[ku'artu]
chambre (f) à coucher	**quarto** (m) **de dormir**	[ku'artu də dur'mir]
salle (f) à manger	**sala** (f) **de jantar**	['salɐ də ʒã'tar]
salon (m)	**sala** (f) **de estar**	['salɐ də ə'ʃtar]
bureau (m)	**escritório** (m)	[əʃkri'tɔriu]
antichambre (f)	**antessala** (f)	[ãtə'salɐ]
salle (f) de bains	**quarto** (m) **de banho**	[ku'artu də 'beɲu]
toilettes (f pl)	**quarto** (m) **de banho**	[ku'artu də 'beɲu]
plafond (m)	**teto** (m)	['tɛtu]
plancher (m)	**chão, soalho** (m)	['ʃãu], [su'aʎu]
coin (m)	**canto** (m)	['kãtu]

69. Les meubles. L'intérieur

meubles (m pl)	**mobiliário** (m)	[mubi'ljariu]
table (f)	**mesa** (f)	['mezɐ]
chaise (f)	**cadeira** (f)	[kɐ'dejrɐ]
lit (m)	**cama** (f)	['kɐmɐ]
canapé (m)	**divã** (m)	[di'vã]
fauteuil (m)	**cadeirão** (m)	[kɐdej'rãu]
bibliothèque (f) (meuble)	**estante** (f)	[ə'ʃtãtɐ]
rayon (m)	**prateleira** (f)	[prɐtə'lejrɐ]
armoire (f)	**guarda-vestidos** (m)	[gu'ardɐ və'ʃtiduʃ]
patère (f)	**cabide** (m) **de parede**	[kɐ'bidɐ də pɐ'redɐ]
portemanteau (m)	**cabide** (m) **de pé**	[kɐ'bidɐ də pɛ]
commode (f)	**cómoda** (f)	['kɔmudɐ]
table (f) basse	**mesinha** (f) **de centro**	[mə'ziɲɐ də 'sẽtru]
miroir (m)	**espelho** (m)	[ə'ʃpɐʎu]
tapis (m)	**tapete** (m)	[tɐ'petɐ]
petit tapis (m)	**tapete** (m) **pequeno**	[tɐ'petɐ pə'kenu]
cheminée (f)	**lareira** (f)	[lɐ'rejrɐ]
bougie (f)	**vela** (f)	['vɛlɐ]
chandelier (m)	**castiçal** (m)	[kɐʃti'sal]
rideaux (m pl)	**cortinas** (f pl)	[kur'tinɐʃ]

| papier (m) peint | papel (m) de parede | [pɐ'pɛl də pɐ'redə] |
| jalousie (f) | estores (f pl) | [ə'ʃtorəʃ] |

lampe (f) de table	candeeiro (m) de mesa	[kã'djɐjru də 'mezɐ]
applique (f)	candeeiro (m) de parede	[kã'djɐjru də pɐ'redə]
lampadaire (m)	candeeiro (m) de pé	[kã'djɐjru də pɛ]
lustre (m)	lustre (m)	['luʃtrə]

pied (m) (~ de la table)	pé (m)	[pɛ]
accoudoir (m)	braço (m)	['brasu]
dossier (m)	costas (f pl)	['kɔʃtɐʃ]
tiroir (m)	gaveta (f)	[gɐ'vetɐ]

70. La literie

linge (m) de lit	roupa (f) de cama	['ʀopɐ də 'kɐmɐ]
oreiller (m)	almofada (f)	[almu'fadɐ]
taie (f) d'oreiller	fronha (f)	['froɲɐ]
couverture (f)	cobertor (m)	[kubər'tor]
drap (m)	lençol (m)	[lẽ'sɔl]
couvre-lit (m)	colcha (f)	['kolʃɐ]

71. La cuisine

cuisine (f)	cozinha (f)	[ku'ziɲɐ]
gaz (m)	gás (m)	[gaʃ]
cuisinière (f) à gaz	fogão (m) a gás	[fu'gãu ɐ gaʃ]
cuisinière (f) électrique	fogão (m) elétrico	[fu'gãu e'lɛtriku]
four (m)	forno (m)	['fornu]
four (m) micro-ondes	forno (m) de micro-ondas	['fornu də mikrɔ'õdɐʃ]

réfrigérateur (m)	frigorífico (m)	[frigu'rifiku]
congélateur (m)	congelador (m)	[kõʒəlɐ'dor]
lave-vaisselle (m)	máquina (f) de lavar louça	['makinɐ də lɐ'var 'losɐ]

hachoir (m) à viande	moedor (m) de carne	[muɐ'dor də 'karnə]
centrifugeuse (f)	espremedor (m)	[əʃprəmɐ'dor]
grille-pain (m)	torradeira (f)	[tuʀɐ'dɐjrɐ]
batteur (m)	batedeira (f)	[bɐtɐ'dɐjrɐ]

machine (f) à café	máquina (f) de café	['makinɐ də kɐ'fɛ]
cafetière (f)	cafeteira (f)	[kɐfɐ'tɐjrɐ]
moulin (m) à café	moinho (m) de café	[mu'iɲu də kɐ'fɛ]

bouilloire (f)	chaleira (f)	[ʃɐ'lɐjrɐ]
théière (f)	bule (m)	['bulə]
couvercle (m)	tampa (f)	['tãpɐ]

passoire (f) à thé	coador (m) de chá	[kuɐ'dor də 'ʃa]
cuillère (f)	colher (f)	[ku'ʎɛr]
petite cuillère (f)	colher (f) de chá	[ku'ʎɛr də ʃa]
cuillère (f) à soupe	colher (f) de sopa	[ku'ʎɛr də 'sopɐ]
fourchette (f)	garfo (m)	['garfu]
couteau (m)	faca (f)	['fakɐ]
vaisselle (f)	louça (f)	['losɐ]
assiette (f)	prato (m)	['pratu]
soucoupe (f)	pires (m)	['pirəʃ]
verre (m) à shot	cálice (m)	['kalisɐ]
verre (m) (~ d'eau)	copo (m)	['kɔpu]
tasse (f)	chávena (f)	['ʃavənɐ]
sucrier (m)	açucareiro (m)	[ɐsukɐ'rɐjru]
salière (f)	saleiro (m)	[sɐ'lɐjru]
poivrière (f)	pimenteiro (m)	[pimẽ'tɐjru]
beurrier (m)	manteigueira (f)	[mãtii'gejrɐ]
casserole (f)	panela, caçarola (f)	[pɐ'nɛlɐ], [kɐsɐ'rɔlɐ]
poêle (f)	frigideira (f)	[friʒi'dejrɐ]
louche (f)	concha (f)	['kõʃɐ]
passoire (f)	passador (m)	[pɐsɐ'dor]
plateau (m)	bandeja (f)	[bã'deʒɐ]
bouteille (f)	garrafa (f)	[gɐ'ʀafɐ]
bocal (m) (à conserves)	boião (m) de vidro	[bo'jãu də 'vidru]
boîte (f) en fer-blanc	lata (f)	['latɐ]
ouvre-bouteille (m)	abre-garrafas (m)	[abrə gɐ'ʀafəʃ]
ouvre-boîte (m)	abre-latas (m)	[abrə 'latəʃ]
tire-bouchon (m)	saca-rolhas (m)	['sakɐ 'ʀoʎəʃ]
filtre (m)	filtro (m)	['filtru]
filtrer (vt)	filtrar (vt)	[fil'trar]
ordures (f pl)	lixo (m)	['liʃu]
poubelle (f)	balde (m) do lixo	['baldə du 'liʃu]

72. La salle de bains

salle (f) de bains	quarto (m) de banho	[ku'artu də 'bɐɲu]
eau (f)	água (f)	['aguɐ]
robinet (m)	torneira (f)	[tur'nɐjrɐ]
eau (f) chaude	água (f) quente	['aguɐ 'kẽtɐ]
eau (f) froide	água (f) fria	['aguɐ 'friɐ]
dentifrice (m)	pasta (f) de dentes	['paʃtɐ də 'dẽtəʃ]
se brosser les dents	escovar os dentes	[əʃku'var uʃ 'dẽtəʃ]
brosse (f) à dents	escova (f) de dentes	[ə'ʃkovɐ də 'dẽtəʃ]

se raser (vp)	barbear-se (vr)	[bɐr'bjarsə]
mousse (f) à raser	espuma (f) de barbear	[ə'ʃpumɐ də bɐr'bjar]
rasoir (m)	máquina (f) de barbear	['makinɐ də bɐrbi'ar]

laver (vt)	lavar (vt)	[lɐ'var]
se laver (vp)	lavar-se (vr)	[lɐ'varsə]
douche (f)	duche (m)	['duʃə]
prendre une douche	tomar um duche	[tu'mar ũ 'duʃə]

baignoire (f)	banheira (f)	[bɐ'ɲejrɐ]
cuvette (f)	sanita (f)	[sɐ'nitɐ]
lavabo (m)	lavatório (m)	[lɐvɐ'tɔriu]

| savon (m) | sabonete (m) | [sɐbu'netɐ] |
| porte-savon (m) | saboneteira (f) | [sɐbunɐ'tejrɐ] |

éponge (f)	esponja (f)	[ə'ʃpõʒɐ]
shampooing (m)	champô (m)	[ʃɐ̃'po]
serviette (f)	toalha (f)	[tu'aʎɐ]
peignoir (m) de bain	roupão (m) de banho	[ʀo'pɐ̃u də 'bɐɲu]

lessive (f) (faire la ~)	lavagem (f)	[lɐ'vaʒɐ̃j]
machine (f) à laver	máquina (f) de lavar	['makinɐ də lɐ'var]
faire la lessive	lavar a roupa	[lɐ'var ɐ 'ʀopɐ]
lessive (f) (poudre)	detergente (m)	[dətər'ʒẽtɐ]

73. Les appareils électroménagers

téléviseur (m)	televisor (m)	[tələvi'zor]
magnétophone (m)	gravador (m)	[grɐvɐ'dor]
magnétoscope (m)	videogravador (m)	[vidiu·grɐvɐ'dor]
radio (f)	rádio (m)	['ʀadiu]
lecteur (m)	leitor (m)	[lɐj'tor]

vidéoprojecteur (m)	projetor (m)	[pruʒɛ'tor]
home cinéma (m)	cinema (m) em casa	[si'nemɐ ẽ 'kazɐ]
lecteur DVD (m)	leitor (m) de DVD	[lɐj'tor də dɛvɛ'de]
amplificateur (m)	amplificador (m)	[ɐ̃plifikɐ'dor]
console (f) de jeux	console (f) de jogos	[kõ'sɔlɐ də 'ʒɔguʃ]

caméscope (m)	câmara (f) de vídeo	['kɐmɐrɐ də 'vidiu]
appareil (m) photo	máquina (f) fotográfica	['makinɐ futu'grafikɐ]
appareil (m) photo numérique	câmara (f) digital	['kɐmɐrɐ diʒi'tal]

aspirateur (m)	aspirador (m)	[ɐʃpirɐ'dor]
fer (m) à repasser	ferro (m) de engomar	['fɛʀu də ẽgu'mar]
planche (f) à repasser	tábua (f) de engomar	['tabuɐ də ẽgu'mar]
téléphone (m)	telefone (m)	[tələ'fonə]
portable (m)	telemóvel (m)	[tɛlɛ'movɛl]

machine (f) à écrire	**máquina** (f) **de escrever**	['makinɐ də əʃkrə'ver]
machine (f) à coudre	**máquina** (f) **de costura**	['makinɐ də ku'ʃturɐ]
micro (m)	**microfone** (m)	[mikrɔ'fɔnə]
écouteurs (m pl)	**auscultadores** (m pl)	[auʃkultɐ'dorəʃ]
télécommande (f)	**controlo remoto** (m)	[kõ'trolu ʀə'mɔtu]
CD (m)	**CD** (m)	['sɛdɛ]
cassette (f)	**cassete** (f)	[ka'sɛtə]
disque (m) (vinyle)	**disco** (m) **de vinil**	['diʃku də vi'nil]

T&P BOOKS

LA TERRE. LE TEMPS

T&P Books Publishing

cosmos (m)	**cosmos** (m)	['kɔʒmuʃ]
cosmique (adj)	**cósmico**	['kɔʒmiku]
espace (m) cosmique	**espaço** (m) **cósmico**	[ə'ʃpasu 'kɔʒmiku]
monde (m)	**mundo** (m)	['mũdu]
univers (m)	**universo** (m)	[uni'vɛrsu]
galaxie (f)	**galáxia** (f)	[gɐ'laksiɐ]
étoile (f)	**estrela** (f)	[ə'ʃtrelɐ]
constellation (f)	**constelação** (f)	[kõʃtɐlɐ'sãu]
planète (f)	**planeta** (m)	[plɐ'netɐ]
satellite (m)	**satélite** (m)	[sɐ'tɛlitɐ]
météorite (m)	**meteorito** (m)	[mɐtiu'ritu]
comète (f)	**cometa** (m)	[ku'metɐ]
astéroïde (m)	**asteroide** (m)	[ɐʃtɐ'rɔjdɐ]
orbite (f)	**órbita** (f)	['ɔrbitɐ]
tourner (vi)	**girar** (vi)	[ʒi'rar]
atmosphère (f)	**atmosfera** (f)	[ɐtmu'ʃfɛrɐ]
Soleil (m)	**Sol** (m)	[sɔl]
système (m) solaire	**Sistema** (m) **Solar**	[si'ʃtemɐ su'lar]
éclipse (f) de soleil	**eclipse** (m) **solar**	[ek'lipsə su'lar]
Terre (f)	**Terra** (f)	['tɛʀɐ]
Lune (f)	**Lua** (f)	['luɐ]
Mars (m)	**Marte** (m)	['martə]
Vénus (f)	**Vénus** (f)	['vɛnuʃ]
Jupiter (m)	**Júpiter** (m)	['ʒupitɛr]
Saturne (m)	**Saturno** (m)	[sɐ'turnu]
Mercure (m)	**Mercúrio** (m)	[mɐr'kuriu]
Uranus (m)	**Urano** (m)	[u'rɐnu]
Neptune	**Neptuno** (m)	[nɛp'tunu]
Pluton (m)	**Plutão** (m)	[plu'tãu]
la Voie Lactée	**Via Láctea** (f)	['viɐ 'latiɐ]
la Grande Ours	**Ursa Maior** (f)	[ursɐ mɐ'jɔr]
la Polaire	**Estrela Polar** (f)	[ə'ʃtrelɐ pu'lar]
martien (m)	**marciano** (m)	[mɐr'sjɐnu]
extraterrestre (m)	**extraterrestre** (m)	[əʃtrɐtɐ'ʀɛʃtrɐ]

alien (m)	**alienígena** (m)	[ɐlie'niʒɐnɐ]
soucoupe (f) volante	**disco** (m) **voador**	['diʃku vuɐ'dor]
vaisseau (m) spatial	**nave** (f) **espacial**	['navɐ ɐʃpɐ'sjal]
station (f) orbitale	**estação** (f) **orbital**	[ɐʃtɐ'sãu ɔrbi'tal]
lancement (m)	**lançamento** (m)	[lãsɐ'mẽtu]
moteur (m)	**motor** (m)	[mu'tor]
tuyère (f)	**bocal** (m)	[bu'kal]
carburant (m)	**combustível** (m)	[kõbu'ʃtivɛl]
cabine (f)	**cabine** (f)	[kɐ'binɐ]
antenne (f)	**antena** (f)	[ã'tenɐ]
hublot (m)	**vigia** (f)	[vi'ʒiɐ]
batterie (f) solaire	**bateria** (f) **solar**	[bɐtɐ'riɐ su'lar]
scaphandre (m)	**traje** (m) **espacial**	['traʒɐ ɐʃpɐ'sjal]
apesanteur (f)	**imponderabilidade** (f)	[ĩpõdɐrɐbili'dadɐ]
oxygène (m)	**oxigénio** (m)	[ɔksi'ʒɛniu]
arrimage (m)	**acoplagem** (f)	[ɐku'plaʒẽĭ]
s'arrimer à ...	**fazer uma acoplagem**	[fɐ'zer 'umɐ ɐku'plaʒẽĭ]
observatoire (m)	**observatório** (m)	[ɔbsɐrvɐ'tɔriu]
télescope (m)	**telescópio** (m)	[tɐlɐ'ʃkɔpiu]
observer (vt)	**observar** (vt)	[ɔbsɐr'var]
explorer (un cosmos)	**explorar** (vt)	[ɐʃplu'rar]

75. La Terre

Terre (f)	**Terra** (f)	['tɛʀɐ]
globe (m) terrestre	**globo** (m) **terrestre**	['globu tɐ'ʀɛʃtrɐ]
planète (f)	**planeta** (m)	[plɐ'netɐ]
atmosphère (f)	**atmosfera** (f)	[ɐtmu'ʃfɛʀɐ]
géographie (f)	**geografia** (f)	[ʒiugrɐ'fiɐ]
nature (f)	**natureza** (f)	[nɐtu'rezɐ]
globe (m) de table	**globo** (m)	['globu]
carte (f)	**mapa** (m)	['mapɐ]
atlas (m)	**atlas** (m)	['atlɐʃ]
Europe (f)	**Europa** (f)	[eu'rɔpɐ]
Asie (f)	**Ásia** (f)	['aziɐ]
Afrique (f)	**África** (f)	['afrikɐ]
Australie (f)	**Austrália** (f)	[au'ʃtraliɐ]
Amérique (f)	**América** (f)	[ɐ'mɛrikɐ]
Amérique (f) du Nord	**América** (f) **do Norte**	[ɐ'mɛrikɐ du 'nɔrtɐ]
Amérique (f) du Sud	**América** (f) **do Sul**	[ɐ'mɛrikɐ du sul]

| l'Antarctique (m) | **Antártida** (f) | [ã'tartidɐ] |
| l'Arctique (m) | **Ártico** (m) | ['artiku] |

76. Les quatre parties du monde

nord (m)	**norte** (m)	['nɔrtə]
vers le nord	**para norte**	['pɐɾɐ 'nɔrtə]
au nord	**no norte**	[nu 'nɔrtə]
du nord (adj)	**do norte**	[du 'nɔrtə]

sud (m)	**sul** (m)	[sul]
vers le sud	**para sul**	['pɐɾɐ sul]
au sud	**no sul**	[nu sul]
du sud (adj)	**do sul**	[du sul]

ouest (m)	**oeste, ocidente** (m)	[ɔ'ɛʃtə], [ɔsi'dẽtə]
vers l'occident	**para oeste**	['pɐɾɐ ɔ'ɛʃtə]
à l'occident	**no oeste**	[nu ɔ'ɛʃtə]
occidental (adj)	**ocidental**	[ɔsidẽ'tal]

est (m)	**leste, oriente** (m)	['lɛʃtə], [ɔ'rjẽtə]
vers l'orient	**para leste**	['pɐɾɐ 'lɛʃtə]
à l'orient	**no leste**	[nu 'lɛʃtə]
oriental (adj)	**oriental**	[ɔriẽ'tal]

77. Les océans et les mers

mer (f)	**mar** (m)	[mar]
océan (m)	**oceano** (m)	[ɔ'sjɐnu]
golfe (m)	**golfo** (m)	['golfu]
détroit (m)	**estreito** (m)	[ə'ʃtrejtu]

terre (f) ferme	**terra** (f) **firme**	['tɛʀɐ 'firmə]
continent (m)	**continente** (m)	[kõti'nẽtə]
île (f)	**ilha** (f)	['iʎɐ]
presqu'île (f)	**península** (f)	[pə'nĩsulɐ]
archipel (m)	**arquipélago** (m)	[ɐrki'pɛlɐgu]

baie (f)	**baía** (f)	[bɐ'iɐ]
port (m)	**porto** (m)	['portu]
lagune (f)	**lagoa** (f)	[lɐ'goɐ]
cap (m)	**cabo** (m)	['kabu]

atoll (m)	**atol** (m)	[ɐ'tɔl]
récif (m)	**recife** (m)	[ʀə'sifə]
corail (m)	**coral** (m)	[ku'ral]
récif (m) de corail	**recife** (m) **de coral**	[ʀə'sifə də ku'ral]
profond (adj)	**profundo**	[pru'fũdu]

profondeur (f)	profundidade (f)	[prufũdi'dadə]
abîme (m)	abismo (m)	[e'biʒmu]
fosse (f) océanique	fossa (f) oceânica	['fɔsɐ ɔ'sjɐnikɐ]
courant (m)	corrente (f)	[ku'ʀẽtə]
baigner (vt) (mer)	banhar (vt)	[be'ɲar]
littoral (m)	litoral (m)	[litu'ral]
côte (f)	costa (f)	['kɔʃtɐ]
marée (f) haute	maré (f) alta	[mɐ'rɛ 'altɐ]
marée (f) basse	refluxo (m), maré (f) baixa	[ʀɐ'fluksu], [mɐ'rɛ 'baiʃɐ]
banc (m) de sable	restinga (f)	[ʀɐ'ʃtĩgɐ]
fond (m)	fundo (m)	['fũdu]
vague (f)	onda (f)	['õdɐ]
crête (f) de la vague	crista (f) da onda	['kriʃtɐ dɐ 'õdɐ]
mousse (f)	espuma (f)	[ə'ʃpumɐ]
tempête (f) en mer	tempestade (f)	[tẽpɐ'ʃtadə]
ouragan (m)	furacão (m)	[furɐ'kãu]
tsunami (m)	tsunami (m)	[tsu'nɐmi]
calme (m)	calmaria (f)	[kalmɐ'riɐ]
calme (tranquille)	calmo	['kalmu]
pôle (m)	polo (m)	['pɔlu]
polaire (adj)	polar	[pu'lar]
latitude (f)	latitude (f)	[lɐti'tudə]
longitude (f)	longitude (f)	[lõʒi'tudə]
parallèle (f)	paralela (f)	[pɐrɐ'lɛlɐ]
équateur (m)	equador (m)	[ekwɐ'dor]
ciel (m)	céu (m)	['sɛu]
horizon (m)	horizonte (m)	[ɔri'zõtə]
air (m)	ar (m)	[ar]
phare (m)	farol (m)	[fɐ'rɔl]
plonger (vi)	mergulhar (vi)	[mɐrgu'ʎar]
sombrer (vi)	afundar-se (vr)	[ɐfũ'darsə]
trésor (m)	tesouros (m pl)	[tɐ'zoruʃ]

78. Les noms des mers et des océans

océan (m) Atlantique	Oceano (m) Atlântico	[ɔ'sjɐnu ɐt'lãtiku]
océan (m) Indien	Oceano (m) Índico	[ɔ'sjɐnu 'ĩdiku]
océan (m) Pacifique	Oceano (m) Pacífico	[ɔ'sjɐnu pɐ'sifiku]
océan (m) Glacial	Oceano (m) Ártico	[ɔ'sjɐnu 'artiku]
mer (f) Noire	Mar (m) Negro	[mar 'negru]
mer (f) Rouge	Mar (m) Vermelho	[mar vɐr'meʎu]

mer (f) Jaune	**Mar** (m) **Amarelo**	[mar eme'rɛlu]
mer (f) Blanche	**Mar** (m) **Branco**	[mar 'brãku]
mer (f) Caspienne	**Mar** (m) **Cáspio**	[mar 'kaʃpiu]
mer (f) Morte	**Mar** (m) **Morto**	[mar 'mortu]
mer (f) Méditerranée	**Mar** (m) **Mediterrâneo**	[mar mədite'ʀeniu]
mer (f) Égée	**Mar** (m) **Egeu**	[mar e'ʒeu]
mer (f) Adriatique	**Mar** (m) **Adriático**	[mar ɐd'rjatiku]
mer (f) Arabique	**Mar** (m) **Arábico**	[mar ɐ'rabiku]
mer (f) du Japon	**Mar** (m) **do Japão**	[mar du ʒe'pãu]
mer (f) de Béring	**Mar** (m) **de Bering**	[mar də bərĩg]
mer (f) de Chine Méridionale	**Mar** (m) **da China Meridional**	[mar de 'ʃine məridiu'nal]
mer (f) de Corail	**Mar** (m) **de Coral**	[mar də ku'ral]
mer (f) de Tasman	**Mar** (m) **de Tasman**	[mar də taʒmen]
mer (f) Caraïbe	**Mar** (m) **do Caribe**	[mar du ke'ribə]
mer (f) de Barents	**Mar** (m) **de Barents**	[mar də berɛ̃ts]
mer (f) de Kara	**Mar** (m) **de Kara**	[mar də 'kaʀe]
mer (f) du Nord	**Mar** (m) **do Norte**	[mar du 'nɔrtə]
mer (f) Baltique	**Mar** (m) **Báltico**	[mar 'baltiku]
mer (f) de Norvège	**Mar** (m) **da Noruega**	[mar de nɔru'ɛgə]

79. Les montagnes

montagne (f)	**montanha** (f)	[mõ'teɲe]
chaîne (f) de montagnes	**cordilheira** (f)	[kurdi'ʎejɾe]
crête (f)	**serra** (f)	['sɛʀe]
sommet (m)	**cume** (m)	['kumə]
pic (m)	**pico** (m)	['piku]
pied (m)	**sopé** (m)	[su'pɛ]
pente (f)	**declive** (m)	[dək'livə]
volcan (m)	**vulcão** (m)	[vu'lkãu]
volcan (m) actif	**vulcão** (m) **ativo**	[vu'lkãu a'tivu]
volcan (m) éteint	**vulcão** (m) **extinto**	[vu'lkãu ɐ'ʃtĩtu]
éruption (f)	**erupção** (f)	[erup'sãu]
cratère (m)	**cratera** (f)	[kre'tɛʀe]
magma (m)	**magma** (m)	['magmɐ]
lave (f)	**lava** (f)	['lave]
en fusion (lave ~)	**fundido**	[fũ'didu]
canyon (m)	**desfiladeiro** (m)	[dəʃfile'dejɾu]
défilé (m) (gorge)	**garganta** (f)	[ger'gãte]

| crevasse (f) | fenda (f) | ['fẽdɐ] |
| précipice (m) | precipício (m) | [prəsi'pisiu] |

col (m) de montagne	passo, colo (m)	['pasu], ['kɔlu]
plateau (m)	planalto (m)	[plɐ'naltu]
rocher (m)	falésia (f)	[fɐ'lɛziɐ]
colline (f)	colina (f)	[ku'linɐ]

glacier (m)	glaciar (m)	[glɐ'sjar]
chute (f) d'eau	queda (f) d'água	['kɛdɐ 'daguɐ]
geyser (m)	géiser (m)	['ʒɛjzɛr]
lac (m)	lago (m)	['lagu]

plaine (f)	planície (f)	[plɐ'nisiɐ]
paysage (m)	paisagem (f)	[paj'zaʒẽj]
écho (m)	eco (m)	['ɛku]

alpiniste (m)	alpinista (m)	[alpi'niʃtɐ]
varappeur (m)	escalador (m)	[əʃkɐlɐ'dor]
conquérir (vt)	conquistar (vt)	[kõki'ʃtar]
ascension (f)	subida, escalada (f)	[su'bidɐ], [əʃkɐ'ladɐ]

80. Les noms des chaînes de montagne

Alpes (f pl)	Alpes (m pl)	['alpəʃ]
Mont Blanc (m)	monte Branco (m)	['mõtɐ 'brãku]
Pyrénées (f pl)	Pirineus (m pl)	[piri'neuʃ]

Carpates (f pl)	Cárpatos (m pl)	['karpɐtuʃ]
Monts Oural (m pl)	montes (m pl) Urais	['mõtəʃ u'raiʃ]
Caucase (m)	Cáucaso (m)	['kaukɐzu]
Elbrous (m)	Elbrus (m)	[el'bruʃ]

Altaï (m)	Altai (m)	[ɐl'taj]
Tian Chan (m)	Tian Shan (m)	[tiɐn ʃen]
Pamir (m)	Pamir (m)	[pɐ'mir]
Himalaya (m)	Himalaias (m pl)	[imɐ'lajeʃ]
Everest (m)	monte (m) Everest	['mõtɐ evɐ'reʃt]

| Andes (f pl) | Cordilheira (f) dos Andes | [kurdi'ʎejrɐ duʃ 'ãdəʃ] |
| Kilimandjaro (m) | Kilimanjaro (m) | [kilimã'ʒaru] |

81. Les fleuves

rivière (f), fleuve (m)	rio (m)	['ʀiu]
source (f)	fonte, nascente (f)	['fõtɐ], [nɐ'ʃsẽtɐ]
lit (m) (d'une rivière)	leito (m) do rio	['lɐjtu du 'ʀiu]
bassin (m)	bacia (f)	[bɐ'siɐ]

se jeter dans …	desaguar no …	[dəzagu'ar nu]
affluent (m)	afluente (m)	[ɐflu'ẽtə]
rive (f)	margem (f)	['marʒẽ']

courant (m)	corrente (f)	[ku'ʀẽtə]
en aval	rio abaixo	['ʀiu ɐ'baɪʃu]
en amont	rio acima	['ʀiu ɐ'simɐ]

inondation (f)	inundação (f)	[inũdɐ'sãu]
les grandes crues	cheia (f)	['ʃɐjɐ]
déborder (vt)	transbordar (vi)	[trãʒbur'dar]
inonder (vt)	inundar (vt)	[inũ'dar]

| bas-fond (m) | banco (m) de areia | ['bãku də ɐ'ʀɐjɐ] |
| rapide (m) | rápidos (m pl) | ['ʀapiduʃ] |

barrage (m)	barragem (f)	[bɐ'ʀaʒẽ']
canal (m)	canal (m)	[kɐ'nal]
lac (m) de barrage	reservatório (m) de água	[ʀəzərvɐ'tɔriu də 'aguɐ]
écluse (f)	eclusa (f)	[ə'kluzɐ]

plan (m) d'eau	corpo (m) de água	['korpu də 'aguɐ]
marais (m)	pântano (m)	['pãtɐnu]
fondrière (f)	tremedal (m)	[trəmə'dal]
tourbillon (m)	remoinho (m)	[ʀəmu'iɲu]

ruisseau (m)	arroio, regato (m)	[ɐ'ʀoju], [ʀə'gatu]
potable (adj)	potável	[pu'tavɛl]
douce (l'eau ~)	doce	['dosə]

| glace (f) | gelo (m) | ['ʒelu] |
| être gelé | congelar-se (vr) | [kõʒə'larsə] |

82. Les noms des fleuves

| Seine (f) | rio Sena (m) | ['ʀiu 'senɐ] |
| Loire (f) | rio Loire (m) | ['ʀiu lu'ar] |

Tamise (f)	rio Tamisa (m)	['ʀiu tɐ'mizɐ]
Rhin (m)	rio Reno (m)	['ʀiu 'ʀenu]
Danube (m)	rio Danúbio (m)	['ʀiu dɐ'nubiu]

Volga (f)	rio Volga (m)	['ʀiu 'vɔlgɐ]
Don (m)	rio Don (m)	['ʀiu dɔn]
Lena (f)	rio Lena (m)	['ʀiu 'lenɐ]

Huang He (m)	rio Amarelo (m)	['ʀiu ɐmɐ'ʀɛlu]
Yangzi Jiang (m)	rio Yangtzé (m)	['ʀiu iã'gtzɛ]
Mékong (m)	rio Mekong (m)	['ʀiu mi'kõg]
Gange (m)	rio Ganges (m)	['ʀiu 'gãʒəʃ]

Nil (m)	rio Nilo (m)	['ʀiu 'nilu]
Congo (m)	rio Congo (m)	['ʀiu 'kõgu]
Okavango (m)	rio Cubango (m)	['ʀiu ku'bãgu]
Zambèze (m)	rio Zambeze (m)	['ʀiu zã'bɛzə]
Limpopo (m)	rio Limpopo (m)	['ʀiu lĩ'popu]
Mississippi (m)	rio Mississípi (m)	['ʀiu misi'sipi]

83. La forêt

forêt (f)	floresta (f), bosque (m)	[flu'ʀɛʃtɐ], ['boʃkə]
forestier (adj)	florestal	[fluɾə'ʃtal]
fourré (m)	mata (f) cerrada	['matɐ sə'ʀadɐ]
bosquet (m)	arvoredo (m)	[ɐɾvu'redu]
clairière (f)	clareira (f)	[klɐ'ɾejɾɐ]
broussailles (f pl)	matagal (m)	[mɐtɐ'gal]
taillis (m)	mato (m)	['matu]
sentier (m)	vereda (f)	[və'redɐ]
ravin (m)	ravina (f)	[ʀɐ'vinɐ]
arbre (m)	árvore (f)	['arvuɾə]
feuille (f)	folha (f)	['foʎɐ]
feuillage (m)	folhagem (f)	[fu'ʎaʒɐ̃j]
chute (f) de feuilles	queda (f) das folhas	['kɛdɐ deʃ 'foʎɐʃ]
tomber (feuilles)	cair (vi)	[kɐ'iɾ]
sommet (m)	topo (m)	['topu]
rameau (m)	ramo (m)	['ʀɐmu]
branche (f)	galho (m)	['gaʎu]
bourgeon (m)	botão, rebento (m)	[bu'tãu], [ʀə'bẽtu]
aiguille (f)	agulha (f)	[ɐ'guʎɐ]
pomme (f) de pin	pinha (f)	['piɲɐ]
creux (m)	buraco (m) de árvore	[bu'ʀaku də 'arvuɾə]
nid (m)	ninho (m)	['niɲu]
terrier (m) (~ d'un renard)	toca (f)	['tɔkɐ]
tronc (m)	tronco (m)	['trõku]
racine (f)	raiz (f)	[ʀɐ'iʃ]
écorce (f)	casca (f) de árvore	['kaʃkɐ də 'arvuɾə]
mousse (f)	musgo (m)	['muʒgu]
déraciner (vt)	arrancar pela raiz	[ɐʀã'kar 'pelɐ ʀɐ'iʃ]
abattre (un arbre)	cortar (vt)	[kur'tar]
déboiser (vt)	desflorestar (vt)	[dəʃfluɾə'ʃtar]
souche (f)	toco, cepo (m)	['tɔku], ['sepu]
feu (m) de bois	fogueira (f)	[fu'gejɾɐ]

| incendie (m) | incêndio (m) florestal | [ĩ'sẽdiu flurǝ'ʃtal] |
| éteindre (feu) | apagar (vt) | [ɐpɐ'gar] |

garde (m) forestier	guarda-florestal (m)	[gu'ardɐ flurǝ'ʃtal]
protection (f)	proteção (f)	[prutɛ'sãu]
protéger (vt)	proteger (vt)	[prutǝ'ʒer]
braconnier (m)	caçador (m) furtivo	[kɐsɐ'dor fur'tivu]
piège (m) à mâchoires	armadilha (f)	[ɐrmɐ'diʎɐ]

| cueillir (vt) | colher (vt) | [ku'ʎɛr] |
| s'égarer (vp) | perder-se (vr) | [pǝr'dersǝ] |

84. Les ressources naturelles

ressources (f pl) naturelles	recursos (m pl) naturais	[ʀǝ'kursuʃ nɐtu'raɪʃ]
minéraux (m pl)	minerais (m pl)	[minǝ'raɪʃ]
gisement (m)	depósitos (m pl)	[dǝ'pozituʃ]
champ (m) (~ pétrolifère)	jazida (f)	[ʒɐ'zidɐ]

extraire (vt)	extrair (vt)	[ǝʃtrɐ'ir]
extraction (f)	extração (f)	[ǝʃtra'sãu]
minerai (m)	minério (m)	[mi'nɛriu]
mine (f) (site)	mina (f)	['minɐ]
puits (m) de mine	poço (m) de mina	['posu dǝ 'minɐ]
mineur (m)	mineiro (m)	[mi'nɐjru]

| gaz (m) | gás (m) | [gaʃ] |
| gazoduc (m) | gasoduto (m) | [gazɔ'dutu] |

pétrole (m)	petróleo (m)	[pǝ'trɔliu]
pipeline (m)	oleoduto (m)	[ɔliu'dutu]
tour (f) de forage	poço (m) de petróleo	['posu dǝ pǝ'trɔliu]
derrick (m)	torre (f) petrolífera	['toʀǝ pǝtru'lifǝrɐ]
pétrolier (m)	petroleiro (m)	[pǝtru'lɐjru]

sable (m)	areia (f)	[ɐ'rɐjɐ]
calcaire (m)	calcário (m)	[kal'kariu]
gravier (m)	cascalho (m)	[kɐ'ʃkaʎu]
tourbe (f)	turfa (f)	['turfɐ]
argile (f)	argila (f)	[ɐr'ʒilɐ]
charbon (m)	carvão (m)	[kɐr'vãu]

fer (m)	ferro (m)	['fɛʀu]
or (m)	ouro (m)	['oru]
argent (m)	prata (f)	['pratɐ]
nickel (m)	níquel (m)	['nikɛl]
cuivre (m)	cobre (m)	['kɔbrǝ]

| zinc (m) | zinco (m) | ['zĩku] |
| manganèse (m) | manganês (m) | [mãgɐ'neʃ] |

mercure (m)	mercúrio (m)	[mər'kuriu]
plomb (m)	chumbo (m)	['ʃũbu]
minéral (m)	mineral (m)	[minə'ral]
cristal (m)	cristal (m)	[kri'ʃtal]
marbre (m)	mármore (m)	['marmurə]
uranium (m)	urânio (m)	[u'rɐniu]

85. Le temps

temps (m)	tempo (m)	['tẽpu]
météo (f)	previsão (f) do tempo	[prəvi'zɐu du 'tẽpu]
température (f)	temperatura (f)	[tẽpərə'turə]
thermomètre (m)	termómetro (m)	[tər'mɔmətru]
baromètre (m)	barómetro (m)	[be'rɔmətru]
humide (adj)	húmido	['umidu]
humidité (f)	humidade (f)	[umi'dadə]
chaleur (f) (canicule)	calor (m)	[kɐ'lor]
torride (adj)	cálido	['kalidu]
il fait très chaud	está muito calor	[ə'ʃta 'mũjtu kɐ'lor]
il fait chaud	está calor	[ə'ʃta kɐ'lor]
chaud (modérément)	quente	['kẽtə]
il fait froid	está frio	[ə'ʃta 'friu]
froid (adj)	frio	['friu]
soleil (m)	sol (m)	[sɔl]
briller (soleil)	brilhar (vi)	[bri'ʎar]
ensoleillé (jour ~)	de sol, ensolarado	[də sɔl], [ẽsulɐ'radu]
se lever (vp)	nascer (vi)	[nɐ'ʃser]
se coucher (vp)	pôr-se (vr)	['porsə]
nuage (m)	nuvem (f)	['nuvẽj]
nuageux (adj)	nublado	[nu'bladu]
nuée (f)	nuvem (f) preta	['nuvẽj 'pretə]
sombre (adj)	escuro, cinzento	[ə'ʃkuru], [sĩ'zẽtu]
pluie (f)	chuva (f)	['ʃuvə]
il pleut	está a chover	[ə'ʃta ɐ ʃu'ver]
pluvieux (adj)	chuvoso	[ʃu'vozu]
bruiner (v imp)	chuviscar (vi)	[ʃuvi'ʃkar]
pluie (f) torrentielle	chuva (f) torrencial	['ʃuvə turẽ'sjal]
averse (f)	chuvada (f)	[ʃu'vadə]
forte (la pluie ~)	forte	['fɔrtə]
flaque (f)	poça (f)	['pɔsə]
se faire mouiller	molhar-se (vr)	[mu'ʎarsə]
brouillard (m)	nevoeiro (m)	[nəvu'ejru]

brumeux (adj)	de nevoeiro	[də nəvu'ɐjru]
neige (f)	neve (f)	['nɛvə]
il neige	está a nevar	[ə'ʃta ɐ nɛ'var]

86. Les intempéries. Les catastrophes naturelles

orage (m)	trovoada (f)	[truvu'adɐ]
éclair (m)	relâmpago (m)	[ʁə'lãpɐgu]
éclater (foudre)	relampejar (vi)	[ʁəlãpə'ʒar]
tonnerre (m)	trovão (m)	[tru'vãu]
gronder (tonnerre)	trovejar (vi)	[truvə'ʒar]
le tonnerre gronde	está a trovejar	[ə'ʃta ɐ truvə'ʒar]
grêle (f)	granizo (m)	[grɛ'nizu]
il grêle	está a cair granizo	[ə'ʃta ɐ kɐ'ir grɛ'nizu]
inonder (vt)	inundar (vt)	[inũ'dar]
inondation (f)	inundação (f)	[inũdɐ'sãu]
tremblement (m) de terre	terremoto (m)	[tɐʁə'mɔtu]
secousse (f)	abalo, tremor (m)	[ɐ'balu], [trɐ'mor]
épicentre (m)	epicentro (m)	[epi'sẽtru]
éruption (f)	erupção (f)	[erup'sãu]
lave (f)	lava (f)	['lavɐ]
tourbillon (m)	turbilhão (m)	[turbi'ʎãu]
tornade (f)	tornado (m)	[tur'nadu]
typhon (m)	tufão (m)	[tu'fãu]
ouragan (m)	furacão (m)	[furɐ'kãu]
tempête (f)	tempestade (f)	[tẽpə'ʃtadə]
tsunami (m)	tsunami (m)	[tsu'nɛmi]
cyclone (m)	ciclone (m)	[sik'lɔnə]
intempéries (f pl)	mau tempo (m)	['mau 'tẽpu]
incendie (m)	incêndio (m)	[ĩ'sẽdiu]
catastrophe (f)	catástrofe (f)	[kɐ'taʃtrufə]
météorite (m)	meteorito (m)	[mətiu'ritu]
avalanche (f)	avalanche (f)	[ɐvɐ'lãʃə]
éboulement (m)	deslizamento (m) de neve	[dəʒlizɐ'mẽtu də 'nɛvə]
blizzard (m)	nevasca (f)	[nə'vaʃkɐ]
tempête (f) de neige	tempestade (f) de neve	[tẽpə'ʃtadə də 'nɛvə]

T&P BOOKS

LA FAUNE

T&P Books Publishing

prédateur (m)	**predador** (m)	[prədɐ'dor]
tigre (m)	**tigre** (m)	['tigrə]
lion (m)	**leão** (m)	['ljãu]
loup (m)	**lobo** (m)	['lobu]
renard (m)	**raposa** (f)	[ʀɐ'pozɐ]
jaguar (m)	**jaguar** (m)	[ʒɐgu'ar]
léopard (m)	**leopardo** (m)	[liu'pardu]
guépard (m)	**chita** (f)	['ʃitɐ]
panthère (f)	**pantera** (f)	[pã'terɐ]
puma (m)	**puma** (m)	['pumɐ]
léopard (m) de neiges	**leopardo-das-neves** (m)	[liu'pardu dɐʒ 'nɛvəʃ]
lynx (m)	**lince** (m)	['lĩsə]
coyote (m)	**coiote** (m)	[ko'jotə]
chacal (m)	**chacal** (m)	[ʃɐ'kal]
hyène (f)	**hiena** (f)	['jenɐ]

animal (m)	**animal** (m)	[ɐni'mal]
bête (f)	**besta** (f)	['beʃtɐ]
écureuil (m)	**esquilo** (m)	[ə'ʃkilu]
hérisson (m)	**ouriço** (m)	[o'risu]
lièvre (m)	**lebre** (f)	['lɛbrə]
lapin (m)	**coelho** (m)	[ku'ɐʎu]
blaireau (m)	**texugo** (m)	[tɛ'ksugu]
raton (m)	**guaxinim** (m)	[guaksi'nĩ]
hamster (m)	**hamster** (m)	['emster]
marmotte (f)	**marmota** (f)	[mɐr'motɐ]
taupe (f)	**toupeira** (f)	[to'pɐjrɐ]
souris (f)	**rato** (m)	['ʀatu]
rat (m)	**ratazana** (f)	[ʀɐtɐ'zɐnɐ]
chauve-souris (f)	**morcego** (m)	[mur'segu]
hermine (f)	**arminho** (m)	[ɐr'miɲu]
zibeline (f)	**zibelina** (f)	[zibə'linɐ]
martre (f)	**marta** (f)	['martɐ]

belette (f)	**doninha** (f)	[du'niɲe]
vison (m)	**vison** (m)	[vi'zõ]
castor (m)	**castor** (m)	[ke'ʃtor]
loutre (f)	**lontra** (f)	['lõtre]
cheval (m)	**cavalo** (m)	[ke'valu]
élan (m)	**alce** (m)	['alse]
cerf (m)	**veado** (m)	['vjadu]
chameau (m)	**camelo** (m)	[ke'melu]
bison (m)	**bisão** (m)	[bi'zãu]
aurochs (m)	**auroque** (m)	[au'rɔke]
buffle (m)	**búfalo** (m)	['bufelu]
zèbre (m)	**zebra** (f)	['zɛbre]
antilope (f)	**antílope** (m)	[ã'tilupe]
chevreuil (m)	**corça** (f)	['kɔrse]
biche (f)	**gamo** (m)	['gemu]
chamois (m)	**camurça** (f)	[ke'murse]
sanglier (m)	**javali** (m)	[ʒeve'li]
baleine (f)	**baleia** (f)	[be'leje]
phoque (m)	**foca** (f)	['fɔke]
morse (m)	**morsa** (f)	['mɔrse]
ours (m) de mer	**urso-marinho** (m)	['ursu me'riɲu]
dauphin (m)	**golfinho** (m)	[gol'fiɲu]
ours (m)	**urso** (m)	['ursu]
ours (m) blanc	**urso** (m) **branco**	['ursu 'brãku]
panda (m)	**panda** (m)	['pãde]
singe (m)	**macaco** (m)	[me'kaku]
chimpanzé (m)	**chimpanzé** (m)	[ʃĩpã'zɛ]
orang-outang (m)	**orangotango** (m)	[ɔrãgu'tãgu]
gorille (m)	**gorila** (m)	[gu'rile]
macaque (m)	**macaco** (m)	[me'kaku]
gibbon (m)	**gibão** (m)	[ʒi'bãu]
éléphant (m)	**elefante** (m)	[ele'fãte]
rhinocéros (m)	**rinoceronte** (m)	[ʀinɔse'rõte]
girafe (f)	**girafa** (f)	[ʒi'rafe]
hippopotame (m)	**hipopótamo** (m)	[ipɔ'pɔtemu]
kangourou (m)	**canguru** (m)	[kãgu'ru]
koala (m)	**coala** (m)	[ku'ale]
mangouste (f)	**mangusto** (m)	[mã'guʃtu]
chinchilla (m)	**chinchila** (m)	[ʃĩ'ʃile]
mouffette (f)	**doninha-fedorenta** (f)	[du'niɲe fedu'rẽte]
porc-épic (m)	**porco-espinho** (m)	['pɔrku e'ʃpiɲu]

89. Les animaux domestiques

chat (m) (femelle)	**gata** (f)	['gatɐ]
chat (m) (mâle)	**gato** (m) **macho**	['gatu 'maʃu]
chien (m)	**cão** (m)	['kãu]
cheval (m)	**cavalo** (m)	[kɐ'valu]
étalon (m)	**garanhão** (m)	[gɐrɐ'ɲãu]
jument (f)	**égua** (f)	['ɛguɐ]
vache (f)	**vaca** (f)	['vakɐ]
taureau (m)	**touro** (m)	['toru]
bœuf (m)	**boi** (m)	[boj]
brebis (f)	**ovelha** (f)	[ɔ'veʎɐ]
mouton (m)	**carneiro** (m)	[kɐr'nejru]
chèvre (f)	**cabra** (f)	['kabrɐ]
bouc (m)	**bode** (m)	['bɔdə]
âne (m)	**burro** (m)	['buru]
mulet (m)	**mula** (f)	['mulɐ]
cochon (m)	**porco** (m)	['porku]
pourceau (m)	**leitão** (m)	[lɐj'tãu]
lapin (m)	**coelho** (m)	[ku'eʎu]
poule (f)	**galinha** (f)	[gɐ'liɲɐ]
coq (m)	**galo** (m)	['galu]
canard (m)	**pata** (f)	['patɐ]
canard (m) mâle	**pato** (m)	['patu]
oie (f)	**ganso** (m)	['gãsu]
dindon (m)	**peru** (m)	[pə'ru]
dinde (f)	**perua** (f)	[pə'ruɐ]
animaux (m pl) domestiques	**animais** (m pl) **domésticos**	[ɐni'majʃ du'mɛʃtikuʃ]
apprivoisé (adj)	**domesticado**	[dumɐʃti'kadu]
apprivoiser (vt)	**domesticar** (vt)	[dumɐʃti'kar]
élever (vt)	**criar** (vt)	[kri'ar]
ferme (f)	**quinta** (f)	['kĩtɐ]
volaille (f)	**aves** (f pl) **domésticas**	['avəʃ du'mɛʃtikɐʃ]
bétail (m)	**gado** (m)	['gadu]
troupeau (m)	**rebanho** (m), **manada** (f)	[ʀə'bɐɲu], [mɐ'nadɐ]
écurie (f)	**estábulo** (m)	[ə'ʃtabulu]
porcherie (f)	**pocilga** (f)	[pu'silgɐ]
vacherie (f)	**estábulo** (m)	[ə'ʃtabulu]
cabane (f) à lapins	**coelheira** (f)	[kuɛ'ʎejrɐ]
poulailler (m)	**galinheiro** (m)	[gɐli'ɲejru]

90. Les oiseaux

oiseau (m)	pássaro (m), ave (f)	['paseru], ['avɐ]
pigeon (m)	pombo (m)	['põbu]
moineau (m)	pardal (m)	[pɐr'dal]
mésange (f)	chapim-real (m)	[ʃɐ'pĩ ʀi'al]
pie (f)	pega-rabuda (f)	['pɛgɐ ʀa'budɐ]
corbeau (m)	corvo (m)	['korvu]
corneille (f)	gralha (f) cinzenta	['graʎɐ sĩ'zẽtɐ]
choucas (m)	gralha-de-nuca-cinzenta (f)	['graʎɐ dɐ 'nukɐ sĩ'zẽtɐ]
freux (m)	gralha-calva (f)	['graʎɐ 'kalvɐ]
canard (m)	pato (m)	['patu]
oie (f)	ganso (m)	['gãsu]
faisan (m)	faisão (m)	[faj'zãu]
aigle (m)	águia (f)	['agiɐ]
épervier (m)	açor (m)	[ɐ'sor]
faucon (m)	falcão (m)	[fa'lkãu]
vautour (m)	abutre (m)	[ɐ'butrɐ]
condor (m)	condor (m)	[kõ'dor]
cygne (m)	cisne (m)	['siʒnɐ]
grue (f)	grou (m)	[gro]
cigogne (f)	cegonha (f)	[sɐ'goɲɐ]
perroquet (m)	papagaio (m)	[pɐpɐ'gaju]
colibri (m)	beija-flor (m)	['bɐjʒɐ 'flor]
paon (m)	pavão (m)	[pɐ'vãu]
autruche (f)	avestruz (m)	[ɐvɐ'ʃtruʃ]
héron (m)	garça (f)	['garsɐ]
flamant (m)	flamingo (m)	[flɐ'mĩgu]
pélican (m)	pelicano (m)	[pɐli'kɐnu]
rossignol (m)	rouxinol (m)	[ʀoʃi'nɔl]
hirondelle (f)	andorinha (f)	[ãdu'riɲɐ]
merle (m)	tordo-zornal (m)	['tɔrdu zur'nal]
grive (f)	tordo-músico (m)	['tɔrdu 'muziku]
merle (m) noir	melro-preto (m)	['mɛlʀu 'pretu]
martinet (m)	andorinhão (m)	[ãduri'ɲãu]
alouette (f) des champs	cotovia (f)	[kutu'viɐ]
caille (f)	codorna (f)	[kɔ'dɔrnɐ]
pivert (m)	pica-pau (m)	['pikɐ 'pau]
coucou (m)	cuco (m)	['kuku]
chouette (f)	coruja (f)	[ku'ruʒɐ]

hibou (m)	corujão, bufo (m)	[kɔru'ʒãu], ['bufu]
tétras (m)	tetraz-grande (m)	[tɛ'traʒ 'grãdə]
tétras-lyre (m)	tetraz-lira (m)	[tɛ'traʒ 'lirə]
perdrix (f)	perdiz-cinzenta (f)	[pərdiʃ si'zẽtə]
étourneau (m)	estorninho (m)	[əʃtur'niɲu]
canari (m)	canário (m)	[ke'nariu]
gélinotte (f) des bois	galinha-do-mato (f)	[gɐ'liɲɐ du 'matu]
pinson (m)	tentilhão (m)	[tẽti'ʎãu]
bouvreuil (m)	dom-fafe (m)	[dõ'fafə]
mouette (f)	gaivota (f)	[gaj'vɔtɐ]
albatros (m)	albatroz (m)	[albɐ'trɔʃ]
pingouin (m)	pinguim (m)	[pĩgu'ĩ]

91. Les poissons. Les animaux marins

brème (f)	brema (f)	['bremɐ]
carpe (f)	carpa (f)	['karpɐ]
perche (f)	perca (f)	['pɛrkɐ]
silure (m)	siluro (m)	[si'luru]
brochet (m)	lúcio (m)	['lusiu]
saumon (m)	salmão (m)	[sal'mãu]
esturgeon (m)	esturjão (m)	[əʃtur'ʒãu]
hareng (m)	arenque (m)	[ɐ'rẽkə]
saumon (m) atlantique	salmão (m)	[sal'mãu]
maquereau (m)	cavala, sarda (f)	[ke'valɐ], ['sardɐ]
flet (m)	solha (f)	['soʎɐ]
sandre (f)	lúcio perca (m)	['lusiu 'perkɐ]
morue (f)	bacalhau (m)	[bɐkɐ'ʎau]
thon (m)	atum (m)	[ɐ'tũ]
truite (f)	truta (f)	['trutɐ]
anguille (f)	enguia (f)	[ẽ'giɐ]
torpille (f)	raia elétrica (f)	['rajɐ e'lɛtrikɐ]
murène (f)	moreia (f)	[mu'rejɐ]
piranha (m)	piranha (f)	[pi'rɐɲɐ]
requin (m)	tubarão (m)	[tubɐ'rãu]
dauphin (m)	golfinho (m)	[gol'fiɲu]
baleine (f)	baleia (f)	[bɐ'lejɐ]
crabe (m)	caranguejo (m)	[kɐrã'geʒu]
méduse (f)	medusa, alforreca (f)	[mə'duzɐ], [alfu'rɛkɐ]
pieuvre (f), poulpe (m)	polvo (m)	['polvu]
étoile (f) de mer	estrela-do-mar (f)	[ə'ʃtrelɐ du 'mar]
oursin (m)	ouriço-do-mar (m)	[o'risu du 'mar]

hippocampe (m)	cavalo-marinho (m)	[keˈvalu meˈriɲu]
huître (f)	ostra (f)	[ˈɔʃtrɐ]
crevette (f)	camarão (m)	[kɐmɐˈrãu]
homard (m)	lavagante (m)	[lɐveˈgãtə]
langoustine (f)	lagosta (f)	[lɐˈgoʃtɐ]

92. Les amphibiens. Les reptiles

serpent (m)	serpente, cobra (f)	[sərˈpêtə], [ˈkɔbrɐ]
venimeux (adj)	venenoso	[vənəˈnozu]
vipère (f)	víbora (f)	[ˈviburɐ]
cobra (m)	cobra-capelo, naja (f)	[kɔbrɐkeˈpɛlu], [ˈnaʒɐ]
python (m)	pitão (m)	[piˈtãu]
boa (m)	jiboia (f)	[ʒiˈbojɐ]
couleuvre (f)	cobra-de-água (f)	[kɔbrɐdəˈaguɐ]
serpent (m) à sonnettes	cascavel (f)	[keʃkɐˈvɛl]
anaconda (m)	anaconda (f)	[ɐnɐˈkõdɐ]
lézard (m)	lagarto (m)	[lɐˈgartu]
iguane (m)	iguana (f)	[iguˈɐnɐ]
varan (m)	varano (m)	[vɐˈrɐnu]
salamandre (f)	salamandra (f)	[selɐˈmãdrɐ]
caméléon (m)	camaleão (m)	[kɐmɐˈljãu]
scorpion (m)	escorpião (m)	[əʃkurˈpjãu]
tortue (f)	tartaruga (f)	[tɐrtɐˈrugɐ]
grenouille (f)	rã (f)	[ʀã]
crapaud (m)	sapo (m)	[ˈsapu]
crocodile (m)	crocodilo (m)	[krukuˈdilu]

93. Les insectes

insecte (m)	inseto (m)	[ĩˈsɛtu]
papillon (m)	borboleta (f)	[burbuˈletɐ]
fourmi (f)	formiga (f)	[furˈmigɐ]
mouche (f)	mosca (f)	[ˈmoʃkɐ]
moustique (m)	mosquito (m)	[muˈʃkitu]
scarabée (m)	escaravelho (m)	[əʃkɐrɐˈvɛʎu]
guêpe (f)	vespa (f)	[ˈvɛʃpɐ]
abeille (f)	abelha (f)	[ɐˈbɐʎɐ]
bourdon (m)	mamangava (f)	[mɐmãˈgavɐ]
œstre (m)	moscardo (m)	[muˈʃkardu]
araignée (f)	aranha (f)	[ɐˈrɐɲɐ]
toile (f) d'araignée	teia (f) de aranha	[ˈtɐjɐ də ɐˈrɐɲɐ]

libellule (f)	**libélula** (f)	[li'bɛlulɐ]
sauterelle (f)	**gafanhoto-do-campo** (m)	[gɐfɐ'ɲotu du 'kãpu]
papillon (m)	**traça** (f)	['trasɐ]
cafard (m)	**barata** (f)	[bɐ'ratɐ]
tique (f)	**carraça** (f)	[kɐ'ʀasɐ]
puce (f)	**pulga** (f)	['pulgɐ]
moucheron (m)	**borrachudo** (m)	[buʀɐ'ʃudu]
criquet (m)	**gafanhoto** (m)	[gɐfɐ'ɲotu]
escargot (m)	**caracol** (m)	[kɐʀɐ'kɔl]
grillon (m)	**grilo** (m)	['grilu]
luciole (f)	**pirilampo** (m)	[piri'lãpu]
coccinelle (f)	**joaninha** (f)	[ʒuɐ'niɲɐ]
hanneton (m)	**besouro** (m)	[bɐ'zoru]
sangsue (f)	**sanguessuga** (f)	[sãgɐ'sugɐ]
chenille (f)	**lagarta** (f)	[lɐ'gartɐ]
ver (m)	**minhoca** (f)	[mi'ɲɔkɐ]
larve (f)	**larva** (f)	['larvɐ]

LA FLORE

T&P Books Publishing

arbre (m)	**árvore** (f)	['arvurə]
à feuilles caduques	**decídua**	[də'sidue]
conifère (adj)	**conífera**	[ku'nifərə]
à feuilles persistantes	**perene**	[pə'rɛnə]
pommier (m)	**macieira** (f)	[mɐ'sjejrɐ]
poirier (m)	**pereira** (f)	[pə'rejrɐ]
merisier (m)	**cerejeira** (f)	[sərə'ʒejrɐ]
cerisier (m)	**ginjeira** (f)	[ʒĩ'ʒejrɐ]
prunier (m)	**ameixeira** (f)	[ɐmɐj'ʃejrɐ]
bouleau (m)	**bétula** (f)	['bɛtulɐ]
chêne (m)	**carvalho** (m)	[kɐr'vaʎu]
tilleul (m)	**tília** (f)	['tiliɐ]
tremble (m)	**choupo-tremedor** (m)	['ʃopu trəmə'dor]
érable (m)	**bordo** (m)	['bordu]
épicéa (m)	**espruce** (m)	[ə'ʃprusə]
pin (m)	**pinheiro** (m)	[pi'ɲejru]
mélèze (m)	**alerce, lariço** (m)	[ɐ'lɛrsə], [lɐ'risu]
sapin (m)	**abeto** (m)	[ɐ'bɛtu]
cèdre (m)	**cedro** (m)	['sɛdru]
peuplier (m)	**choupo, álamo** (m)	['ʃopu], ['alɐmu]
sorbier (m)	**tramazeira** (f)	[trɐmɐ'zejrɐ]
saule (m)	**salgueiro** (m)	[sa'lgejru]
aune (m)	**amieiro** (m)	[ɐ'mjejru]
hêtre (m)	**faia** (f)	['fajɐ]
orme (m)	**ulmeiro** (m)	[ul'mejru]
frêne (m)	**freixo** (m)	['frɐɪʃu]
marronnier (m)	**castanheiro** (m)	[kɐʃtɐ'ɲejru]
magnolia (m)	**magnólia** (f)	[mɐ'gnɔliɐ]
palmier (m)	**palmeira** (f)	[pal'mejrɐ]
cyprès (m)	**cipreste** (m)	[sip'rɛʃtə]
palétuvier (m)	**mangue** (f)	['mãgə]
baobab (m)	**embondeiro, baobá** (m)	[ẽbõ'dejru], [bau'ba]
eucalyptus (m)	**eucalipto** (m)	[eukɐ'liptu]
séquoia (m)	**sequoia** (f)	[sə'kwɔjɐ]

95. Les arbustes

buisson (m)	arbusto (m)	[ɐr'buʃtu]
arbrisseau (m)	arbusto (m), moita (f)	[ɐr'buʃtu], ['mojtɐ]
vigne (f)	videira (f)	[vi'dejrɐ]
vigne (f) (vignoble)	vinhedo (m)	[vi'ɲedu]
framboise (f)	framboeseira (f)	[frãbue'zejrɐ]
cassis (m)	groselheira-preta (f)	[gruzə'ʎejrɐ 'pretɐ]
groseille (f) rouge	groselheira-vermelha (f)	[gruzɐ'ʎejrɐ vɐr'meʎɐ]
groseille (f) verte	groselheira (f) espinhosa	[gruzɐ'ʎejrɐ əʃpi'ɲɔzɐ]
acacia (m)	acácia (f)	[ɐ'kasiɐ]
berbéris (m)	bérberis (f)	['bɛrbəriʃ]
jasmin (m)	jasmim (m)	[ʒɐʒ'mĩ]
genévrier (m)	junípero (m)	[ʒu'nipəru]
rosier (m)	roseira (f)	[ʀu'zejrɐ]
églantier (m)	roseira (f) brava	[ʀu'zejrɐ 'bravɐ]

96. Les fruits. Les baies

fruit (m)	fruta (f)	['frutɐ]
fruits (m pl)	frutas (f pl)	['frutɐʃ]
pomme (f)	maçã (f)	[mɐ'sã]
poire (f)	pera (f)	['perɐ]
prune (f)	ameixa (f)	[ɐ'mejʃɐ]
fraise (f)	morango (m)	[mu'rãgu]
cerise (f)	ginja (f)	['ʒĩʒɐ]
merise (f)	cereja (f)	[sə'reʒɐ]
raisin (m)	uva (f)	['uvɐ]
framboise (f)	framboesa (f)	[frãbu'ezɐ]
cassis (m)	groselha (f) preta	[gru'zeʎɐ 'pretɐ]
groseille (f) rouge	groselha (f) vermelha	[gru'zeʎɐ vɐr'meʎɐ]
groseille (f) verte	groselha (f) espinhosa	[gru'zeʎɐ əʃpi'ɲɔzɐ]
canneberge (f)	oxicoco (m)	[ɔksi'koku]
orange (f)	laranja (f)	[lɐ'rãʒɐ]
mandarine (f)	tangerina (f)	[tãʒə'rinɐ]
ananas (m)	ananás (m)	[ɐnɐ'naʃ]
banane (f)	banana (f)	[bɐ'nɐnɐ]
datte (f)	tâmara (f)	['tɐmɐrɐ]
citron (m)	limão (m)	[li'mãu]
abricot (m)	damasco (m)	[dɐ'maʃku]
pêche (f)	pêssego (m)	['pesəgu]

187

kiwi (m)	**kiwi** (m)	[ki'vi]
pamplemousse (m)	**toranja** (f)	[tu'rãʒe]
baie (f)	**baga** (f)	['bage]
baies (f pl)	**bagas** (f pl)	['bageʃ]
airelle (f) rouge	**arando** (m) **vermelho**	[ɐ'rãdu vər'meʎu]
fraise (f) des bois	**morango-silvestre** (m)	[mu'rãgu sil'vɛʃtrə]
myrtille (f)	**mirtilo** (m)	[mir'tilu]

97. Les fleurs. Les plantes

fleur (f)	**flor** (f)	[flor]
bouquet (m)	**ramo** (m) **de flores**	['ʀemu də 'florəʃ]
rose (f)	**rosa** (f)	['ʀɔze]
tulipe (f)	**tulipa** (f)	[tu'lipe]
oeillet (m)	**cravo** (m)	['kravu]
glaïeul (m)	**gladíolo** (m)	[glɐ'diulu]
bleuet (m)	**centáurea** (f)	[sẽ'taurie]
campanule (f)	**campânula** (f)	[kã'penule]
dent-de-lion (f)	**dente-de-leão** (m)	['dẽtə də li'ãu]
marguerite (f)	**camomila** (f)	[kamu'mile]
aloès (m)	**aloé** (m)	[ɐlu'ɛ]
cactus (m)	**cato** (m)	['katu]
ficus (m)	**fícus** (m)	['fikuʃ]
lis (m)	**lírio** (m)	['liriu]
géranium (m)	**gerânio** (m)	[ʒə'ʀeniu]
jacinthe (f)	**jacinto** (m)	[ʒe'sĩtu]
mimosa (m)	**mimosa** (f)	[mi'mɔze]
jonquille (f)	**narciso** (m)	[nar'sizu]
capucine (f)	**capuchinha** (f)	[kɐpu'ʃiɲe]
orchidée (f)	**orquídea** (f)	[ɔr'kidie]
pivoine (f)	**peónia** (f)	[pi'onie]
violette (f)	**violeta** (f)	[viu'lete]
pensée (f)	**amor-perfeito** (m)	[ɐ'mor pər'fejtu]
myosotis (m)	**não-me-esqueças** (m)	['nãu mə ə'ʃkeseʃ]
pâquerette (f)	**margarida** (f)	[mɐrgɐ'ride]
coquelicot (m)	**papoula** (f)	[pɐ'pole]
chanvre (m)	**cânhamo** (m)	['keɲemu]
menthe (f)	**hortelã** (f)	[ɔrtə'lã]
muguet (m)	**lírio-do-vale** (m)	['liriu du 'valə]
perce-neige (f)	**campânula-branca** (f)	[kãpenulɐ 'brãke]

ortie (f)	urtiga (f)	[ur'tigɐ]
oseille (f)	azeda (f)	[ɐ'zedɐ]
nénuphar (m)	nenúfar (m)	[nə'nufar]
fougère (f)	feto (m), samambaia (f)	['fɛtu], [sɐmã'bajɐ]
lichen (m)	líquen (m)	['likɛn]

serre (f) tropicale	estufa (f)	[ə'ʃtufɐ]
gazon (m)	relvado (m)	[ʁɛ'lvadu]
parterre (m) de fleurs	canteiro (m) de flores	[kã'tɐjru də 'florəʃ]

plante (f)	planta (f)	['plãtɐ]
herbe (f)	erva (f)	['ɛrvɐ]
brin (m) d'herbe	folha (f) de erva	['foʎɐ də 'ɛrvɐ]

feuille (f)	folha (f)	['foʎɐ]
pétale (m)	pétala (f)	['pɛtɐlɐ]
tige (f)	talo (m)	['talu]
tubercule (m)	tubérculo (m)	[tu'bɛrkulu]

| pousse (f) | broto, rebento (m) | ['brout], [ʁə'bẽtu] |
| épine (f) | espinho (m) | [ə'ʃpiɲu] |

fleurir (vi)	florescer (vi)	[flurə'ʃser]
se faner (vp)	murchar (vi)	[mur'ʃar]
odeur (f)	cheiro (m)	['ʃejru]
couper (vt)	cortar (vt)	[kur'tar]
cueillir (fleurs)	colher (vt)	[ku'ʎɛr]

98. Les céréales

grains (m pl)	grão (m)	['grãu]
céréales (f pl) (plantes)	cereais (m pl)	[sə'rjaɪʃ]
épi (m)	espiga (f)	[ə'ʃpigɐ]

blé (m)	trigo (m)	['trigu]
seigle (m)	centeio (m)	[sẽ'tɐju]
avoine (f)	aveia (f)	[ɐ'vɐjɐ]

| millet (m) | milho-miúdo (m) | ['miʎu mi'udu] |
| orge (f) | cevada (f) | [sə'vadɐ] |

maïs (m)	milho (m)	['miʎu]
riz (m)	arroz (m)	[ɐ'ʁɔʒ]
sarrasin (m)	trigo-sarraceno (m)	['trigu saʁɐ'senu]

pois (m)	ervilha (f)	[er'viʎɐ]
haricot (m)	feijão (m)	[fɐj'ʒãu]
soja (m)	soja (f)	['sɔʒɐ]
lentille (f)	lentilha (f)	[lẽ'tiʎɐ]
fèves (f pl)	fava (f)	['favɐ]

LES PAYS DU MONDE

T&P Books Publishing

Afghanistan (m)	**Afeganistão** (m)	[ɐfɐgɐni'ʃtãu]
Albanie (f)	**Albânia** (f)	[al'bɐniɐ]
Allemagne (f)	**Alemanha** (f)	[ɐlɐ'mɐɲɐ]
Angleterre (f)	**Inglaterra** (f)	[ĩglɐ'tɛʀɐ]
Arabie (f) Saoudite	**Arábia** (f) **Saudita**	[ɐ'ɾabiɐ sau'ditɐ]
Argentine (f)	**Argentina** (f)	[ɐɾʒẽ'tinɐ]
Arménie (f)	**Arménia** (f)	[ɐɾ'mɛniɐ]
Australie (f)	**Austrália** (f)	[au'ʃtraliɐ]
Autriche (f)	**Áustria** (f)	['auʃtriɐ]
Azerbaïdjan (m)	**Azerbaijão** (m)	[ɐzɐrbaj'ʒãu]
Bahamas (f pl)	**Bahamas, Baamas** (f pl)	[ba'ɐmɐʃ]
Bangladesh (m)	**Bangladesh** (m)	[bãglɐ'dɛʃ]
Belgique (f)	**Bélgica** (f)	['bɛɫʒikɐ]
Biélorussie (f)	**Bielorrússia** (f)	[biɛlo'ʀusiɐ]
Bolivie (f)	**Bolívia** (f)	[bu'liviɐ]
Bosnie (f)	**Bósnia e Herzegovina** (f)	['bɔʒniɐ i ɛrzɐgɔ'vinɐ]
Brésil (m)	**Brasil** (m)	[brɐ'zil]
Bulgarie (f)	**Bulgária** (f)	[buɫ'gariɐ]
Cambodge (m)	**Camboja** (f)	[kã'bɔdʒɐ]
Canada (m)	**Canadá** (m)	[kɐnɐ'da]
Chili (m)	**Chile** (m)	['ʃilɐ]
Chine (f)	**China** (f)	['ʃinɐ]
Chypre (m)	**Chipre** (m)	['ʃiprɐ]
Colombie (f)	**Colômbia** (f)	[ku'lõbiɐ]
Corée (f) du Nord	**Coreia** (f) **do Norte**	[ku'ɾɐjɐ du 'nɔrtɐ]
Corée (f) du Sud	**Coreia** (f) **do Sul**	[ku'ɾɐjɐ du sul]
Croatie (f)	**Croácia** (f)	[kru'asiɐ]
Cuba (f)	**Cuba** (f)	['kubɐ]
Danemark (m)	**Dinamarca** (f)	[dinɐ'markɐ]
Écosse (f)	**Escócia** (f)	[ə'ʃkɔsiɐ]
Égypte (f)	**Egito** (m)	[e'ʒitu]
Équateur (m)	**Equador** (m)	[ekwɐ'dor]
Espagne (f)	**Espanha** (f)	[ə'ʃpɐɲɐ]
Estonie (f)	**Estónia** (f)	[ə'ʃtɔniɐ]
Les États Unis	**Estados Unidos da América** (m pl)	[ə'ʃtaduʃ u'niduʃ dɐ ɐ'mɛrikɐ]
Fédération (f) des Émirats Arabes Unis	**Emirados** (m pl) **Árabes Unidos**	[emi'raduʃ 'arɐbɐʃ u'niduʃ]
Finlande (f)	**Finlândia** (f)	[fĩ'lãdiɐ]
France (f)	**França** (f)	['frãsɐ]

192

Géorgie (f)	Geórgia (f)	[ʒi'ɔrʒiɐ]
Ghana (m)	Gana (f)	['genɐ]
Grande-Bretagne (f)	Grã-Bretanha (f)	[grãbrɐ'tɐɲɐ]
Grèce (f)	Grécia (f)	['grɛsiɐ]

100. Les pays du monde. Partie 2

| Haïti (m) | Haiti (m) | [aj'ti] |
| Hongrie (f) | Hungria (f) | [ũ'griɐ] |

Inde (f)	Índia (f)	['ĩdiɐ]
Indonésie (f)	Indonésia (f)	[ĩdɔ'nɛziɐ]
Iran (m)	Irão (m)	[i'rãu]
Iraq (m)	Iraque (m)	[i'rakɐ]
Irlande (f)	Irlanda (f)	[ir'lãdɐ]
Islande (f)	Islândia (f)	[i'ʒlãdiɐ]
Israël (m)	Israel (m)	[iʒrɐ'ɛl]
Italie (f)	Itália (f)	[i'taliɐ]

Jamaïque (f)	Jamaica (f)	[ʒɐ'majkɐ]
Japon (m)	Japão (m)	[ʒɐ'pãu]
Jordanie (f)	Jordânia (f)	[ʒur'dɐniɐ]
Kazakhstan (m)	Cazaquistão (m)	[kɐzɐki'ʃtãu]
Kenya (m)	Quénia (f)	['kɛniɐ]
Kirghizistan (m)	Quirguistão (m)	[kirgis'tãu]
Koweït (m)	Kuwait (m)	[ku'wejt]

Laos (m)	Laos (m)	[lɐuʃ]
Lettonie (f)	Letónia (f)	[lɐ'toniɐ]
Liban (m)	Líbano (m)	['libɐnu]
Libye (f)	Líbia (f)	['libiɐ]
Liechtenstein (m)	Liechtenstein (m)	[liʃtẽ'ʃtajn]
Lituanie (f)	Lituânia (f)	[litu'eniɐ]
Luxembourg (m)	Luxemburgo (m)	[luʃẽ'burgu]

Macédoine (f)	Macedónia (f)	[mɐsɐ'dɔniɐ]
Madagascar (f)	Madagáscar (m)	[mɐdɐ'gaʃkar]
Malaisie (f)	Malásia (f)	[mɐ'laziɐ]
Malte (f)	Malta (f)	['maltɐ]
Maroc (m)	Marrocos	[mɐ'rɔkuʃ]
Mexique (m)	México (m)	['mɛʃiku]
Moldavie (f)	Moldávia (f)	[mol'daviɐ]

Monaco (m)	Mónaco (m)	['mɔnɐku]
Mongolie (f)	Mongólia (f)	[mõ'gɔliɐ]
Monténégro (m)	Montenegro (m)	[mõtɐ'negru]
Myanmar (m)	Myanmar (m), Birmânia (f)	[miã'mar], [bir'mɐniɐ]
Namibie (f)	Namíbia (f)	[nɐ'mibiɐ]
Népal (m)	Nepal (m)	[nɐ'pal]
Norvège (f)	Noruega (f)	[nɔru'ɛgɐ]

| Nouvelle Zélande (f) | **Nova Zelândia** (f) | ['nɔve zə'lãdie] |
| Ouzbékistan (m) | **Uzbequistão** (f) | [uʒbəki'ʃtãu] |

101. Les pays du monde. Partie 3

Pakistan (m)	**Paquistão** (m)	[peki'ʃtãu]
Palestine (f)	**Palestina** (f)	[pelə'ʃtine]
Panamá (m)	**Panamá** (m)	[pene'ma]
Paraguay (m)	**Paraguai** (m)	[peregu'aj]
Pays-Bas (m)	**Países** (m pl) **Baixos**	[pe'izeʃ 'baɪʃuʃ]
Pérou (m)	**Peru** (m)	[pə'ru]
Pologne (f)	**Polónia** (f)	[pu'lɔnie]
Polynésie (f) Française	**Polinésia** (f) **Francesa**	[puli'nɛzie frã'seze]
Portugal (m)	**Portugal** (m)	[purtu'gal]
République (f) Dominicaine	**República** (f) **Dominicana**	[ʀɛ'publike dumini'kene]
République (f) Sud-africaine	**África** (f) **do Sul**	['afrike du sul]
République (f) Tchèque	**República** (f) **Checa**	[ʀɛ'publike 'ʃeke]
Roumanie (f)	**Roménia** (f)	[ʀu'mɛnie]
Russie (f)	**Rússia** (f)	['ʀusie]
Sénégal (m)	**Senegal** (m)	[sənə'gal]
Serbie (f)	**Sérvia** (f)	['sɛrvie]
Slovaquie (f)	**Eslováquia** (f)	[əʒlɔ'vakie]
Slovénie (f)	**Eslovénia** (f)	[əʒlɔ'vɛnie]
Suède (f)	**Suécia** (f)	[su'ɛsie]
Suisse (f)	**Suíça** (f)	[su'ise]
Surinam (m)	**Suriname** (m)	[suri'neme]
Syrie (f)	**Síria** (f)	['sirie]
Tadjikistan (m)	**Tajiquistão** (m)	[teʒiki'ʃtãu]
Taïwan (m)	**Taiwan** (m)	[taj'wen]
Tanzanie (f)	**Tanzânia** (f)	[tã'zenie]
Tasmanie (f)	**Tasmânia** (f)	[te'ʒmenie]
Thaïlande (f)	**Tailândia** (f)	[taj'lãdie]
Tunisie (f)	**Tunísia** (f)	[tu'nizie]
Turkménistan (m)	**Turquemenistão** (m)	[turkəməni'ʃtãu]
Turquie (f)	**Turquia** (f)	[tur'kie]
Ukraine (f)	**Ucrânia** (f)	[u'krenie]
Uruguay (m)	**Uruguai** (m)	[uru'gwaj]
Vatican (m)	**Vaticano** (m)	[veti'kenu]
Venezuela (f)	**Venezuela** (f)	[vənəzu'ɛle]
Vietnam (m)	**Vietname** (m)	[viɛ'tneme]
Zanzibar (m)	**Zanzibar** (m)	[zãzi'bar]

GLOSSAIRE
GASTRONOMIQUE

Cette section contient
beaucoup de mots associés
à la nourriture. Ce dictionnaire
vous facilitera la tâche
de comprendre le menu
et de commander le bon plat
au restaurant

T&P Books Publishing

épi (m)	espiga (f)	[ə'ʃpigə]
épice (f)	especiaria (f)	[əʃpəsiɐ'riɐ]
épinard (m)	espinafre (m)	[əʃpi'nafrə]
œuf (m)	ovo (m)	['ovu]
abricot (m)	damasco (m)	[dɐ'maʃku]
addition (f)	conta (f)	['kõtɐ]
ail (m)	alho (m)	['aʎu]
airelle (f) rouge	arando (m) vermelho	[ɐ'rãdu vər'meʎu]
amande (f)	amêndoa (f)	[ɐ'mẽduɐ]
amanite (f) tue-mouches	agário-das-moscas (m)	[ɐ'gariu deʒ 'moʃkɐʃ]
amer (adj)	amargo	[ɐ'margu]
ananas (m)	ananás (m)	[ɐnɐ'naʃ]
anguille (f)	enguia (f)	[ẽ'giɐ]
anis (m)	anis (m)	[ɐ'niʃ]
apéritif (m)	aperitivo (m)	[epəri'tivu]
appétit (m)	apetite (m)	[epə'titə]
arrière-goût (m)	gostinho (m)	[gu'ʃtiɲu]
artichaut (m)	alcachofra (f)	[alkɐ'ʃofrɐ]
asperge (f)	espargo (m)	[ə'ʃpargu]
assiette (f)	prato (m)	['pratu]
aubergine (f)	beringela (f)	[bəri'ʒɛlɐ]
avec de la glace	com gelo	[kõ 'ʒelu]
avocat (m)	abacate (m)	[ɐbɐ'katə]
avoine (f)	aveia (f)	[ɐ'vɐjɐ]
bacon (m)	bacon (m)	['bɐjkɐn]
baie (f)	baga (f)	['bagɐ]
baies (f pl)	bagas (f pl)	['bagɐʃ]
banane (f)	banana (f)	[bɐ'nɐnɐ]
bar (m)	bar (m), cervejaria (f)	[bar], [sərvəʒɐ'riɐ]
barman (m)	barman (m)	['barmɐn]
basilic (m)	manjericão (m)	[mãʒəri'kɐ̃u]
betterave (f)	beterraba (f)	[bətə'ʀabɐ]
beurre (m)	manteiga (f)	[mã'tɐjgɐ]
bière (f)	cerveja (f)	[sər'vɐʒɐ]
bière (f) blonde	cerveja (f) clara	[sər'vɐʒɐ 'klarɐ]
bière (f) brune	cerveja (f) preta	[sər'vɐʒɐ 'pretɐ]
biscuit (m)	bolacha (f)	[bu'laʃɐ]
blé (m)	trigo (m)	['trigu]
blanc (m) d'œuf	clara (f) do ovo	['klarɐ du 'ovu]
boisson (f) non alcoolisée	bebida (f) sem álcool	[bə'bidɐ sɛn 'alkuɔl]
boissons (f pl) alcoolisées	bebidas (f pl) alcoólicas	[bə'bidɐʃ alku'ɔlikɐʃ]
bolet (m) bai	míscaro (m) das bétulas	['miʃkeru deʃ 'bɛtulɐʃ]

bolet (m) orangé	**boleto** (m) **alaranjado**	[bu'letu 'ɐlɐrã'ʒadu]
bon (adj)	**gostoso**	[gu'ʃtozu]
Bon appétit!	**Bom apetite!**	[bõ ɐpe'titə]
bonbon (m)	**rebuçado** (m)	[ʀəbu'sadu]
bouillie (f)	**papa** (f)	['papɐ]
bouillon (m)	**caldo** (m)	['kaldu]
brème (f)	**brema** (f)	['bremɐ]
brochet (m)	**lúcio** (m)	['lusiu]
brocoli (m)	**brócolos** (m pl)	['brɔkuluʃ]
cèpe (m)	**boleto** (m)	[bu'letu]
céleri (m)	**aipo** (m)	['ajpu]
céréales (f pl)	**cereais** (m pl)	[sə'rjaɪʃ]
cacahuète (f)	**amendoim** (m)	[ɐmẽdu'ĩ]
café (m)	**café** (m)	[kɐ'fɛ]
café (m) au lait	**café** (m) **com leite**	[kɐ'fɛ kõ 'lejtə]
café (m) noir	**café** (m) **puro**	[kɐ'fɛ 'puru]
café (m) soluble	**café** (m) **solúvel**	[kɐ'fɛ su'luvɛl]
calamar (m)	**lula** (f)	['lulɐ]
calorie (f)	**caloria** (f)	[kɐlu'riɐ]
canard (m)	**pato** (m)	['patu]
canneberge (f)	**oxicoco** (m)	[ɔksi'koku]
cannelle (f)	**canela** (f)	[kɐ'nɛlɐ]
cappuccino (m)	**cappuccino** (m)	[kapu'tʃinu]
carotte (f)	**cenoura** (f)	[sə'norɐ]
carpe (f)	**carpa** (f)	['karpɐ]
carte (f)	**ementa** (f)	[e'mẽtɐ]
carte (f) des vins	**lista** (f) **de vinhos**	['liʃtɐ də 'viɲuʃ]
cassis (m)	**groselha** (f) **preta**	[gru'zeʎɐ 'pretɐ]
caviar (m)	**caviar** (m)	[ka'vjar]
cerise (f)	**ginja** (f)	['ʒĩʒɐ]
champagne (m)	**champanhe** (m)	[ʃã'pɐɲɐ]
champignon (m)	**cogumelo** (m)	[kugu'mɛlu]
champignon (m) comestible	**cogumelo** (m) **comestível**	[kugu'mɛlu kumə'ʃtivɛl]
champignon (m) vénéneux	**cogumelo** (m) **venenoso**	[kugu'mɛlu vənə'nozu]
chaud (adj)	**quente**	['kẽtə]
chocolat (m)	**chocolate** (m)	[ʃuku'latə]
chou (m)	**couve** (f)	['kovɐ]
chou (m) de Bruxelles	**couve-de-bruxelas** (f)	['kovɐ də bru'ʃɛlɐʃ]
chou-fleur (m)	**couve-flor** (f)	['kovɐ 'flor]
citron (m)	**limão** (m)	[li'mãu]
clou (m) de girofle	**cravo** (m)	['kravu]
cocktail (m)	**coquetel** (m)	[kɔkə'tɛl]
cocktail (m) au lait	**batido** (m) **de leite**	[bɐ'tidu də 'lejtə]
cognac (m)	**conhaque** (m)	[ku'ɲakə]
concombre (m)	**pepino** (m)	[pə'pinu]
condiment (m)	**condimento** (m)	[kõdi'mẽtu]
confiserie (f)	**pastelaria** (f)	[pɐʃtɐlɐ'riɐ]
confiture (f)	**doce** (m)	['dosə]
confiture (f)	**doce** (m)	['dosə]
congelé (adj)	**congelado**	[kõʒə'ladu]

conserves (f pl)	enlatados (m pl)	[ēlɐ'taduʃ]
coriandre (m)	coentro (m)	[ku'ĕtru]
courgette (f)	curgete (f)	[kur'ʒɛtə]
couteau (m)	faca (f)	['fakɐ]
crème (f)	nata (f) do leite	['natɐ du 'lɐjtə]
crème (f) aigre	nata (f) azeda	['natɐ ɐ'zedɐ]
crème (f) au beurre	creme (m)	['krɛmə]
crabe (m)	caranguejo (m)	[kɐrã'geʒu]
crevette (f)	camarão (m)	[kɐmɐ'rãu]
crustacés (m pl)	crustáceos (m pl)	[kru'ʃtasiuʃ]
cuillère (f)	colher (f)	[ku'ʎɛr]
cuillère (f) à soupe	colher (f) de sopa	[ku'ʎɛr də 'sopɐ]
cuisine (f)	cozinha (f)	[ku'ziɲɐ]
cuisse (f)	presunto (m)	[prə'zũtu]
cuit à l'eau (adj)	cozido	[ku'zidu]
cumin (m)	cominho (m)	[ku'miɲu]
cure-dent (m)	palito (m)	[pɐ'litu]
déjeuner (m)	almoço (m)	[al'mosu]
dîner (m)	jantar (m)	[ʒã'tar]
datte (f)	tâmara (f)	['temɐrɐ]
dessert (m)	sobremesa (f)	[sobrɐ'mezɐ]
dinde (f)	peru (m)	[pɐ'ru]
du bœuf	carne (f) de vaca	['karnə də 'vakɐ]
du mouton	carne (f) de carneiro	['karnə də kɐr'nɐjru]
du porc	carne (f) de porco	['karnə də 'porku]
du veau	carne (f) de vitela	['karnə də vi'tɛlɐ]
eau (f)	água (f)	['aguɐ]
eau (f) minérale	água (f) mineral	['aguɐ minɐ'ral]
eau (f) potable	água (f) potável	['aguɐ pu'tavɛl]
en chocolat (adj)	de chocolate	[də ʃuku'latə]
esturgeon (m)	esturjão (m)	[əʃtur'ʒãu]
fèves (f pl)	fava (f)	['favɐ]
farce (f)	carne (f) moída	['karnə mu'idɐ]
farine (f)	farinha (f)	[fɐ'riɲɐ]
fenouil (m)	funcho, endro (m)	['fũʃu], ['ĕdru]
feuille (f) de laurier	folhas (f pl) de louro	['foʎɐʃ də 'loru]
figue (f)	figo (m)	['figu]
flétan (m)	halibute (m)	[ali'butə]
flet (m)	solha (f)	['soʎɐ]
foie (m)	fígado (m)	['figɐdu]
fourchette (f)	garfo (m)	['garfu]
fraise (f)	morango (m)	[mu'rãgu]
fraise (f) des bois	morango-silvestre (m)	[mu'rãgu sil'vɛʃtrə]
framboise (f)	framboesa (f)	[frãbu'ezɐ]
frit (adj)	frito	['fritu]
froid (adj)	frio	['friu]
fromage (m)	queijo (m)	['kɐjʒu]
fruit (m)	fruta (f)	['frutɐ]
fruits (m pl)	frutas (f pl)	['frutɐʃ]
fruits (m pl) de mer	mariscos (m pl)	[mɐ'riʃkuʃ]
fumé (adj)	fumado	[fu'madu]
gâteau (m)	bolo (m)	['bolu]

gâteau (m)	tarte (f)	['tartə]
garniture (f)	recheio (m)	[ʀə'ʃeju]
garniture (f)	conduto (m)	[kõ'dutu]
gaufre (f)	waffle (m)	['wejfəl]
gazeuse (adj)	gaseificada	[gɐziifi'kadɐ]
gibier (m)	caça (f)	['kasɐ]
gin (m)	gim (m)	[ʒĩ]
gingembre (m)	gengibre (m)	[ʒẽ'ʒibrɐ]
girolle (f)	cantarela (f)	[kãtɐ'rɛla]
glace (m)	gelo (m)	['ʒelu]
glace (f)	gelado (m)	[ʒɐ'ladu]
glucides (m pl)	carboidratos (m pl)	[kɐrbuid'ratuʃ]
goût (m)	sabor, gosto (m)	[sɐ'bor], ['goʃtu]
gomme (f) à mâcher	pastilha (f) elástica	[pɐ'ʃtiʎɐ e'laʃtikɐ]
grains (m pl)	grão (m)	['grãu]
grenade (f)	romã (f)	[ʀu'mã]
groseille (f) rouge	groselha (f) vermelha	[gru'zeʎɐ vər'meʎɐ]
groseille (f) verte	groselha (f) espinhosa	[gru'zeʎɐ əʃpi'ɲozɐ]
gruau (m)	grãos (m pl) de cereais	['grãuʃ də sɐ'rjaɪʃ]
hamburger (m)	hambúrguer (m)	[ã'burgɛr]
hareng (m)	arenque (m)	[ɐ'ʀẽkə]
haricot (m)	feijão (m)	[fɐj'ʒãu]
hors-d'œuvre (m)	entrada (f)	[ẽ'tradɐ]
huître (f)	ostra (f)	['ɔʃtrɐ]
huile (f) d'olive	azeite (m)	[ɐ'zejtɐ]
huile (f) de tournesol	óleo (m) de girassol	['ɔliu də ʒirɐ'sɔl]
huile (f) végétale	óleo (m) vegetal	['ɔliu vɐʒɐ'tal]
jambon (m)	fiambre (f)	['fjãbrɐ]
jaune (m) d'œuf	gema (f) do ovo	['ʒemɐ du 'ovu]
jus (m)	sumo (m)	['sumu]
jus (m) d'orange	sumo (m) de laranja	['sumu də lɐ'rãʒɐ]
jus (m) de tomate	sumo (m) de tomate	['sumu də tu'matɐ]
jus (m) pressé	sumo (m) fresco	['sumu 'freʃku]
kiwi (m)	kiwi (m)	[ki'vi]
légumes (m pl)	legumes (m pl)	[lɐ'guməʃ]
lait (m)	leite (m)	['lejtɐ]
lait (m) condensé	leite (m) condensado	['lejtɐ kõdẽ'sadu]
laitue (f), salade (f)	alface (f)	[al'fasɐ]
langoustine (f)	lagosta (f)	[lɐ'goʃtɐ]
langue (f)	língua (f)	['lĩguɐ]
lapin (m)	carne (f) de coelho	['karnɐ də ku'eʎu]
lentille (f)	lentilha (f)	[lẽ'tiʎɐ]
les œufs	ovos (m pl)	['ovuʃ]
les œufs brouillés	ovos (m pl) estrelados	['ovuʃ əʃtrɐ'laduʃ]
limonade (f)	limonada (f)	[limu'nadɐ]
lipides (m pl)	gorduras (f pl)	[gur'duraʃ]
liqueur (f)	licor (m)	[li'kor]
mûre (f)	amora silvestre (f)	[ɐ'mɔrɐ sil'vɛʃtrɐ]
maïs (m)	milho (m)	['miʎu]
maïs (m)	milho (m)	['miʎu]
mandarine (f)	tangerina (f)	[tãʒɐ'rinɐ]
mangue (f)	manga (f)	['mãgɐ]

maquereau (m)	cavala, sarda (f)	[kɐ'valɐ], ['sardɐ]
margarine (f)	margarina (f)	[mɐrgɐ'rinɐ]
mariné (adj)	em conserva	[ẽ kõ'sɛrvɐ]
marmelade (f)	geleia (f) de frutas	[ʒə'lɐjɐ də 'frutɐʃ]
melon (m)	meloa (f), melão (m)	[mə'loɐ], [mə'lãu]
merise (f)	cereja (f)	[sə'rɐʒɐ]
miel (m)	mel (m)	[mɛl]
miette (f)	migalha (f)	[mi'gaʎɐ]
millet (m)	milho-miúdo (m)	['miʎu mi'udu]
morceau (m)	bocado, pedaço (m)	[bu'kadu], [pə'dasu]
morille (f)	morchella (f)	[mu'rʃɛlɐ]
morue (f)	bacalhau (m)	[bɐkɐ'ʎau]
moutarde (f)	mostarda (f)	[mu'ʃtardɐ]
myrtille (f)	mirtilo (m)	[mir'tilu]
navet (m)	nabo (m)	['nabu]
noisette (f)	avelã (f)	[ɐvə'lã]
noix (f)	noz (f)	[nɔʒ]
noix (f) de coco	coco (m)	['koku]
nouilles (f pl)	talharim (m)	[tɐʎɐ'rĩ]
nourriture (f)	comida (f)	[ku'midɐ]
oie (f)	ganso (m)	['gãsu]
oignon (m)	cebola (f)	[sə'bolɐ]
olives (f pl)	azeitonas (f pl)	[ɐzɐj'tonɐʒ]
omelette (f)	omelete (f)	[omə'lɛtə]
orange (f)	laranja (f)	[lɐ'rãʒɐ]
orge (f)	cevada (f)	[sə'vadɐ]
oronge (f) verte	cicuta (f) verde	[si'kutɐ 'verdə]
ouvre-boîte (m)	abre-latas (m)	[abrɐ 'latɐʃ]
ouvre-bouteille (m)	abre-garrafas (m)	[abrɐ gɐ'ʀafɐʃ]
pâté (m)	patê (m)	[pɐ'te]
pâtes (m pl)	massas (f pl)	['masɐʃ]
pétales (m pl) de maïs	flocos (m pl) de milho	['flɔkuʃ də 'miʎu]
pétillante (adj)	com gás	[kõ gaʃ]
pêche (f)	pêssego (m)	['pesəgu]
pain (m)	pão (m)	['pãu]
pamplemousse (m)	toranja (f)	[tu'rãʒɐ]
papaye (f)	papaia (f), mamão (m)	[pɐ'pajɐ], [mɐ'mãu]
paprika (m)	páprica (f)	['paprikɐ]
pastèque (f)	melancia (f)	[məlã'siɐ]
peau (f)	casca (f)	['kaʃkɐ]
perche (f)	perca (f)	['pɛrkɐ]
persil (m)	salsa (f)	['salsɐ]
petit déjeuner (m)	pequeno-almoço (m)	[pə'kenu al'mosu]
petite cuillère (f)	colher (f) de chá	[ku'ʎɛr də ʃa]
pistaches (f pl)	pistáchios (m pl)	[pi'ʃtaʃiuʃ]
pizza (f)	pizza (f)	['pitzɐ]
plat (m)	prato (m)	['pratu]
plate (adj)	sem gás	[sẽⁱ gaʃ]
poire (f)	pera (f)	['perɐ]
pois (m)	ervilha (f)	[er'viʎɐ]
poisson (m)	peixe (m)	['pɐjʃə]
poivre (m) noir	pimenta (f) preta	[pi'mẽtɐ 'pretɐ]

poivre (m) rouge	**pimenta** (f) **vermelha**	[pi'mẽtɐ vɐr'meʎɐ]
poivron (m)	**pimentão** (m)	[pimẽ'tãu]
pomme (f)	**maçã** (f)	[mɐ'sã]
pomme (f) de terre	**batata** (f)	[bɐ'tatɐ]
portion (f)	**porção** (f)	[pur'sãu]
potiron (m)	**abóbora** (f)	[ɐ'bɔburɐ]
poulet (m)	**galinha** (f)	[gɐ'liɲɐ]
pourboire (m)	**gorjeta** (f)	[gur'ʒetɐ]
protéines (f pl)	**proteínas** (f pl)	[prɔte'inɐʃ]
prune (f)	**ameixa** (f)	[ɐ'mɐjʃɐ]
pudding (m)	**pudim** (m)	[pu'dĩ]
purée (f)	**puré** (m) **de batata**	[pu'rɛ dɐ bɐ'tatɐ]
régime (m)	**dieta** (f)	[di'ɛtɐ]
radis (m)	**rabanete** (m)	[ʀɐbɐ'netɐ]
rafraîchissement (m)	**refresco** (m)	[ʀɐ'freʃku]
raifort (m)	**raiz-forte** (f)	[ʀɐ'iʃ 'fɔrtɐ]
raisin (m)	**uva** (f)	['uvɐ]
raisin (m) sec	**uvas** (f pl) **passas**	['uvɐʃ 'pasɐʃ]
recette (f)	**receita** (f)	[ʀɐ'sɐjtɐ]
requin (m)	**tubarão** (m)	[tubɐ'rãu]
rhum (m)	**rum** (m)	[ʀũ]
riz (m)	**arroz** (m)	[ɐ'ʀɔʒ]
russule (f)	**rússula** (f)	['ʀusulɐ]
sésame (m)	**sésamo** (m)	['sɛzemu]
safran (m)	**açafrão** (m)	[ɐsɐ'frãu]
salé (adj)	**salgado**	[saˈlgadu]
salade (f)	**salada** (f)	[sɐ'ladɐ]
sandre (f)	**lúcio perca** (m)	['lusiu 'perkɐ]
sandwich (m)	**sandes** (f)	['sãdɐʃ]
sans alcool	**sem álcool**	[sɛm 'alkuɔl]
sardine (f)	**sardinha** (f)	[sɐr'diɲɐ]
sarrasin (m)	**trigo-sarraceno** (m)	['trigu sɐʀɐ'senu]
sauce (f)	**molho** (m)	['moʎu]
sauce (f) mayonnaise	**maionese** (f)	[maju'nezɐ]
saucisse (f)	**salsicha** (f)	[sa'lsiʃɐ]
saucisson (m)	**chouriço, salsichão** (m)	[ʃo'risu], [salsi'ʃãu]
saumon (m)	**salmão** (m)	[sal'mãu]
saumon (m) atlantique	**salmão** (m)	[sal'mãu]
sec (adj)	**seco**	['seku]
seigle (m)	**centeio** (m)	[sẽ'tɐju]
sel (m)	**sal** (m)	[sal]
serveur (m)	**empregado** (m)	[ẽprɐ'gadu]
serveuse (f)	**empregada** (f)	[ẽprɐ'gadɐ]
silure (m)	**siluro** (m)	[si'luru]
soja (m)	**soja** (f)	['sɔʒɐ]
soucoupe (f)	**pires** (m)	['pirɐʃ]
soupe (f)	**sopa** (f)	['sopɐ]
spaghettis (m pl)	**espaguete** (m)	[ɐʃpɐ'getɐ]
steak (m)	**bife** (m)	['bifɐ]
sucré (adj)	**doce, açucarado**	['dosɐ], [ɐsukɐ'radu]
sucre (m)	**açúcar** (m)	[ɐ'sukar]
tarte (f)	**bolo** (m) **de aniversário**	['bolu dɐ ɐnivɐr'sariu]

tasse (f)	**chávena** (f)	[ˈʃavənɐ]
thé (m)	**chá** (m)	[ʃa]
thé (m) noir	**chá** (m) **preto**	[ʃa ˈpretu]
thé (m) vert	**chá** (m) **verde**	[ʃa ˈverdə]
thon (m)	**atum** (m)	[ɐˈtũ]
tire-bouchon (m)	**saca-rolhas** (m)	[ˈsakɐ ˈʀoʎɐʃ]
tomate (f)	**tomate** (m)	[tuˈmatə]
tranche (f)	**fatia** (f)	[fɐˈtiɐ]
truite (f)	**truta** (f)	[ˈtrutɐ]
végétarien (adj)	**vegetariano**	[vəʒətɐˈrjɐnu]
végétarien (m)	**vegetariano** (m)	[vəʒətɐˈrjɐnu]
verdure (f)	**verduras** (f pl)	[vərˈdurɐʃ]
vermouth (m)	**vermute** (m)	[vərˈmutə]
verre (m)	**copo** (m)	[ˈkɔpu]
verre (m) à vin	**taça** (f) **de vinho**	[ˈtasɐ də ˈviɲu]
viande (f)	**carne** (f)	[ˈkarnə]
vin (m)	**vinho** (m)	[ˈviɲu]
vin (m) blanc	**vinho** (m) **branco**	[ˈviɲu ˈbrɐ̃ku]
vin (m) rouge	**vinho** (m) **tinto**	[ˈviɲu ˈtĩtu]
vinaigre (m)	**vinagre** (m)	[viˈnagrə]
vitamine (f)	**vitamina** (f)	[vitɐˈminɐ]
vodka (f)	**vodca, vodka** (f)	[ˈvɔdkɐ]
whisky (m)	**uísque** (m)	[uˈiʃkə]
yogourt (m)	**iogurte** (m)	[jɔˈgurtə]

Portugais-Français glossaire gastronomique

água (f)	['aguɐ]	eau (f)
água (f) **mineral**	['aguɐ minə'ral]	eau (f) minérale
água (f) **potável**	['aguɐ pu'tavɛl]	eau (f) potable
óleo (m) **de girassol**	['ɔliu də ʒirɐ'sɔl]	huile (f) de tournesol
óleo (m) **vegetal**	['ɔliu vəʒə'tal]	huile (f) végétale
açúcar (m)	[ɐ'sukar]	sucre (m)
açafrão (m)	[ɐsɐ'frãu]	safran (m)
abóbora (f)	[ɐ'boburɐ]	potiron (m)
abacate (m)	[ɐbɐ'katə]	avocat (m)
abre-garrafas (m)	[abrə gɐ'ʀafeʃ]	ouvre-bouteille (m)
abre-latas (m)	[abrə 'lateʃ]	ouvre-boîte (m)
agário-das-moscas (m)	[ɐ'gariu deʒ 'moʃkeʃ]	amanite (f) tue-mouches
aipo (m)	['ajpu]	céleri (m)
alcachofra (f)	[alkɐ'ʃofrɐ]	artichaut (m)
alface (f)	[al'fasə]	laitue (f), salade (f)
alho (m)	['aʎu]	ail (m)
almoço (m)	[al'mosu]	déjeuner (m)
amêndoa (f)	[ɐ'mẽduɐ]	amande (f)
amargo	[ɐ'margu]	amer (adj)
ameixa (f)	[ɐ'mejʃɐ]	prune (f)
amendoim (m)	[ɐmẽdu'ĩ]	cacahuète (f)
amora silvestre (f)	[ɐ'morɐ sil'vɛʃtrə]	mûre (f)
ananás (m)	[ɐnɐ'naʃ]	ananas (m)
anis (m)	[ɐ'niʃ]	anis (m)
aperitivo (m)	[ɐpɐri'tivu]	apéritif (m)
apetite (m)	[ɐpə'titə]	appétit (m)
arando (m) **vermelho**	[ɐ'rãdu vər'meʎu]	airelle (f) rouge
arenque (m)	[ɐ'rẽkə]	hareng (m)
arroz (m)	[ɐ'ʀoʒ]	riz (m)
atum (m)	[ɐ'tũ]	thon (m)
aveia (f)	[ɐ'vɐjɐ]	avoine (f)
avelã (f)	[ɐvə'lã]	noisette (f)
azeite (m)	[ɐ'zejtə]	huile (f) d'olive
azeitonas (f pl)	[ɐzɐj'tonɐʒ]	olives (f pl)
bacalhau (m)	[bɐkɐ'ʎau]	morue (f)
bacon (m)	['bejkɐn]	bacon (m)
baga (f)	['bagɐ]	baie (f)
bagas (f pl)	['bagɐʃ]	baies (f pl)
banana (f)	[bɐ'nɐnɐ]	banane (f)
bar (m), **cervejaria** (f)	[bar], [sərvəʒɐ'riɐ]	bar (m)
barman (m)	['barmɐn]	barman (m)
batata (f)	[bɐ'tatɐ]	pomme (f) de terre
batido (m) **de leite**	[bɐ'tidu də 'lejtə]	cocktail (m) au lait
bebida (f) **sem álcool**	[bə'bidɐ sɛn 'alkuɔl]	boisson (f) non alcoolisée

bebidas (f pl) alcoólicas	[bə'bideʃ alku'ɔlikeʃ]	boissons (f pl) alcoolisées
beringela (f)	[bərĩʒɛlɐ]	aubergine (f)
beterraba (f)	[bətə'ʀabɐ]	betterave (f)
bife (m)	['bifə]	steak (m)
bocado, pedaço (m)	[bu'kadu], [pə'dasu]	morceau (m)
bolacha (f)	[bu'laʃɐ]	biscuit (m)
boleto (m)	[bu'letu]	cèpe (m)
boleto (m) alaranjado	[bu'letu 'ɐlɐrã'ʒadu]	bolet (m) orangé
bolo (m)	['bolu]	gâteau (m)
bolo (m) de aniversário	['bolu də ɐnivər'sariu]	tarte (f)
Bom apetite!	[bõ ɐpə'titə]	Bon appétit!
brócolos (m pl)	['brɔkuluʃ]	brocoli (m)
brema (f)	['bremɐ]	brème (f)
caça (f)	['kasɐ]	gibier (m)
café (m)	[kɐ'fɛ]	café (m)
café (m) com leite	[kɐ'fɛ kõ 'lejtə]	café (m) au lait
café (m) puro	[kɐ'fɛ 'puru]	café (m) noir
café (m) solúvel	[kɐ'fɛ su'luvɛl]	café (m) soluble
caldo (m)	['kaldu]	bouillon (m)
caloria (f)	[kɐlu'riɐ]	calorie (f)
camarão (m)	[kɐmɐ'rãu]	crevette (f)
canela (f)	[kɐ'nɛlɐ]	cannelle (f)
cantarela (f)	[kãtɐ'rɛla]	girolle (f)
cappuccino (m)	[kapu'tʃinu]	cappuccino (m)
caranguejo (m)	[kɐrã'geʒu]	crabe (m)
carboidratos (m pl)	[kɐrbuid'ratuʃ]	glucides (m pl)
carne (f)	['karnə]	viande (f)
carne (f) de carneiro	['karnə də kɐr'nejru]	du mouton
carne (f) de coelho	['karnə də ku'eʎu]	lapin (m)
carne (f) de porco	['karnə də 'porku]	du porc
carne (f) de vaca	['karnə də 'vakɐ]	du bœuf
carne (f) de vitela	['karnə də vi'tɛlɐ]	du veau
carne (f) moída	['karnə mu'idɐ]	farce (f)
carpa (f)	['karpɐ]	carpe (f)
casca (f)	['kaʃkɐ]	peau (f)
cavala, sarda (f)	[kɐ'valɐ], ['sardɐ]	maquereau (m)
caviar (m)	[ka'vjar]	caviar (m)
cebola (f)	[sə'bolɐ]	oignon (m)
cenoura (f)	[sə'norɐ]	carotte (f)
centeio (m)	[sẽ'teju]	seigle (m)
cereais (m pl)	[sə'rjaɪʃ]	céréales (f pl)
cereja (f)	[sə'reʒɐ]	merise (f)
cerveja (f)	[sər'veʒɐ]	bière (f)
cerveja (f) clara	[sər'veʒɐ 'klarɐ]	bière (f) blonde
cerveja (f) preta	[sər'veʒɐ 'pretɐ]	bière (f) brune
cevada (f)	[sə'vadɐ]	orge (f)
chá (m)	[ʃa]	thé (m)
chá (m) preto	[ʃa 'pretu]	thé (m) noir
chá (m) verde	[ʃa 'verdə]	thé (m) vert
chávena (f)	['ʃavənɐ]	tasse (f)
champanhe (m)	[ʃã'pɐɲə]	champagne (m)

chocolate (m)	[ʃuku'latə]	chocolat (m)
chouriço, salsichão (m)	[ʃo'risu], [salsi'ʃãu]	saucisson (m)
cicuta (f) verde	[si'kutɐ 'verdə]	oronge (f) verte
clara (f) do ovo	['klarɐ du 'ovu]	blanc (m) d'œuf
coco (m)	['koku]	noix (f) de coco
coentro (m)	[ku'ẽtru]	coriandre (m)
cogumelo (m)	[kugu'mɛlu]	champignon (m)
cogumelo (m) comestível	[kugu'mɛlu kumə'ʃtivɛl]	champignon (m) comestible
cogumelo (m) venenoso	[kugu'mɛlu vənə'nozu]	champignon (m) vénéneux
colher (f)	[ku'ʎɛr]	cuillère (f)
colher (f) de chá	[ku'ʎɛr də ʃa]	petite cuillère (f)
colher (f) de sopa	[ku'ʎɛr də 'sopɐ]	cuillère (f) à soupe
com gás	[kõ gaʃ]	pétillante (adj)
com gelo	[kõ 'ʒelu]	avec de la glace
comida (f)	[ku'midɐ]	nourriture (f)
cominho (m)	[ku'miɲu]	cumin (m)
condimento (m)	[kõdi'mẽtu]	condiment (m)
conduto (m)	[kõ'dutu]	garniture (f)
congelado	[kõʒə'ladu]	congelé (adj)
conhaque (m)	[ku'ɲakə]	cognac (m)
conta (f)	['kõtɐ]	addition (f)
copo (m)	['kɔpu]	verre (m)
coquetel (m)	[kɔkə'tɛl]	cocktail (m)
couve (f)	['kovə]	chou (m)
couve-de-bruxelas (f)	['kovə də bru'ʃɛlɐʃ]	chou (m) de Bruxelles
couve-flor (f)	['kovə 'flor]	chou-fleur (m)
cozido	[ku'zidu]	cuit à l'eau (adj)
cozinha (f)	[ku'ziɲɐ]	cuisine (f)
cravo (m)	['kravu]	clou (m) de girofle
creme (m)	['krɛmə]	crème (f) au beurre
crustáceos (m pl)	[kru'ʃtasiuʃ]	crustacés (m pl)
curgete (f)	[kur'ʒɛtə]	courgette (f)
damasco (m)	[de'maʃku]	abricot (m)
de chocolate	[də ʃuku'latə]	en chocolat (adj)
dieta (f)	[di'ɛtɐ]	régime (m)
doce (m)	['dosə]	confiture (f)
doce (m)	['dosə]	confiture (f)
doce, açucarado	['dosə], [ɐsukɐ'radu]	sucré (adj)
em conserva	[ẽ kõ'sɛrvɐ]	mariné (adj)
ementa (f)	[e'mẽtɐ]	carte (f)
empregada (f)	[ẽprə'gadɐ]	serveuse (f)
empregado (m)	[ẽprə'gadu]	serveur (m)
enguia (f)	[ẽ'giɐ]	anguille (f)
enlatados (m pl)	[ẽlɐ'taduʃ]	conserves (f pl)
entrada (f)	[ẽ'tradɐ]	hors-d'œuvre (m)
ervilha (f)	[er'viʎɐ]	pois (m)
espaguete (m)	[əʃpɐ'getɐ]	spaghettis (m pl)
espargo (m)	[ə'ʃpargu]	asperge (f)
especiaria (f)	[əʃpəsiɐ'riɐ]	épice (f)
espiga (f)	[ə'ʃpigɐ]	épi (m)

espinafre (m)	[əʃpi'nafrə]	épinard (m)
esturjão (m)	[əʃtur'ʒãu]	esturgeon (m)
fígado (m)	['figɐdu]	foie (m)
faca (f)	['fakɐ]	couteau (m)
farinha (f)	[fe'riɲɐ]	farine (f)
fatia (f)	[fe'tiɐ]	tranche (f)
fava (f)	['favɐ]	fèves (f pl)
feijão (m)	[fej'ʒãu]	haricot (m)
fiambre (f)	['fjãbrə]	jambon (m)
figo (m)	['figu]	figue (m)
flocos (m pl) de milho	['flɔkuʃ də 'miʎu]	pétales (m pl) de maïs
folhas (f pl) de louro	['foʎeʃ də 'loru]	feuille (f) de laurier
framboesa (f)	[frãbu'ezɐ]	framboise (f)
frio	['friu]	froid (adj)
frito	['fritu]	frit (adj)
fruta (f)	['frutɐ]	fruit (m)
frutas (f pl)	['frutɐʃ]	fruits (m pl)
fumado	[fu'madu]	fumé (adj)
funcho, endro (m)	['fũʃu], ['ẽdru]	fenouil (m)
galinha (f)	[gɐ'liɲɐ]	poulet (m)
ganso (m)	['gãsu]	oie (f)
garfo (m)	['garfu]	fourchette (f)
gaseificada	[geziifi'kadɐ]	gazeuse (adj)
gelado (m)	[ʒə'ladu]	glace (f)
geleia (f) de frutas	[ʒə'lejɐ də 'frutɐʃ]	marmelade (f)
gelo (m)	['ʒelu]	glace (f)
gema (f) do ovo	['ʒemɐ du 'ovu]	jaune (m) d'œuf
gengibre (m)	[ʒẽ'ʒibrə]	gingembre (m)
gim (m)	[ʒĩ]	gin (m)
ginja (f)	['ʒĩʒɐ]	cerise (f)
gorduras (f pl)	[gur'durɐʃ]	lipides (m pl)
gorjeta (f)	[gur'ʒetɐ]	pourboire (m)
gostinho (m)	[gu'ʃtiɲu]	arrière-goût (m)
gostoso	[gu'ʃtozu]	bon (adj)
grão (m)	['grãu]	grains (m pl)
grãos (m pl) de cereais	['grãuʃ də sə'rjaɪʃ]	gruau (m)
groselha (f) espinhosa	[gru'zeʎɐ əʃpi'ɲɔzɐ]	groseille (f) verte
groselha (f) preta	[gru'zeʎɐ 'pretɐ]	cassis (m)
groselha (f) vermelha	[gru'zeʎɐ vər'meʎɐ]	groseille (f) rouge
halibute (m)	[ali'butɐ]	flétan (m)
hambúrguer (m)	[ã'burgɛr]	hamburger (m)
iogurte (m)	[jo'gurtɐ]	yogourt (m)
jantar (m)	[ʒã'tar]	dîner (m)
kiwi (m)	[ki'vi]	kiwi (m)
língua (f)	['lĩguɐ]	langue (f)
lúcio (m)	['lusiu]	brochet (m)
lúcio perca (m)	['lusiu 'perka]	sandre (f)
lagosta (f)	[lɐ'goʃtɐ]	langoustine (f)
laranja (f)	[lɐ'rãʒɐ]	orange (f)
legumes (m pl)	[lə'gumɐʃ]	légumes (m pl)
leite (m)	['lejtɐ]	lait (m)
leite (m) condensado	['lejtɐ kõdẽ'sadu]	lait (m) condensé

lentilha (f)	[lẽ'tiʎɐ]	lentille (f)
licor (m)	[li'kor]	liqueur (f)
limão (m)	[li'mãu]	citron (m)
limonada (f)	[limu'nadɐ]	limonade (f)
lista (f) de vinhos	['liʃtɐ də 'viɲuʃ]	carte (f) des vins
lula (f)	['lulɐ]	calamar (m)
míscaro (m) das bétulas	['miʃkɐru deʃ 'bɛtuleʃ]	bolet (m) bai
maçã (f)	[mɐ'sã]	pomme (f)
maionese (f)	[maju'nezɐ]	sauce (f) mayonnaise
manga (f)	['mãgɐ]	mangue (f)
manjericão (m)	[mãʒɐri'kãu]	basilic (m)
manteiga (f)	[mã'tɐjgɐ]	beurre (m)
margarina (f)	[mɐrgɐ'rinɐ]	margarine (f)
mariscos (m pl)	[mɐ'riʃkuʃ]	fruits (m pl) de mer
massas (f pl)	['masɐʃ]	pâtes (m pl)
mel (m)	[mɛl]	miel (m)
melancia (f)	[melã'siɐ]	pastèque (f)
meloa (f), melão (m)	[mə'loɐ], [mə'lãu]	melon (m)
migalha (f)	[mi'gaʎɐ]	miette (f)
milho (m)	['miʎu]	maïs (m)
milho (m)	['miʎu]	maïs (m)
milho-miúdo (m)	['miʎu mi'udu]	millet (m)
mirtilo (m)	[mir'tilu]	myrtille (f)
molho (m)	['moʎu]	sauce (f)
morango (m)	[mu'rãgu]	fraise (f)
morango-silvestre (m)	[mu'rãgu sil'vɛʃtrə]	fraise (f) des bois
morchella (f)	[mu'rʃɛlɐ]	morille (f)
mostarda (f)	[mu'ʃtardɐ]	moutarde (f)
nabo (m)	['nabu]	navet (m)
nata (f) azeda	['natɐ ɐ'zedɐ]	crème (f) aigre
nata (f) do leite	['natɐ du 'lɐjtɐ]	crème (f)
noz (f)	[nɔʒ]	noix (f)
omelete (f)	[omə'lɛtɐ]	omelette (f)
ostra (f)	['ɔʃtrɐ]	huître (f)
ovo (m)	['ovu]	œuf (m)
ovos (m pl)	['ovuʃ]	les œufs
ovos (m pl) estrelados	['ovuʃ əʃtrɐ'laduʃ]	les œufs brouillés
oxicoco (m)	[ɔksi'koku]	canneberge (f)
páprica (f)	['paprikɐ]	paprika (m)
pão (m)	['pãu]	pain (m)
pêssego (m)	['pesɐgu]	pêche (f)
palito (m)	[pɐ'litu]	cure-dent (m)
papa (f)	['papɐ]	bouillie (f)
papaia (f), mamão (m)	[pɐ'pajɐ], [mɐ'mãu]	papaye (f)
pastelaria (f)	[pɐʃtɐlɐ'riɐ]	confiserie (f)
pastilha (f) elástica	[pɐ'ʃtiʎɐ ɐ'laʃtikɐ]	gomme (f) à mâcher
patê (m)	[pɐ'te]	pâté (m)
pato (m)	['patu]	canard (m)
peixe (m)	['pɐjʃə]	poisson (m)
pepino (m)	[pə'pinu]	concombre (m)
pequeno-almoço (m)	[pə'kenu al'mosu]	petit déjeuner (m)
pera (f)	['perɐ]	poire (f)

perca (f)	['pɛrkɐ]	perche (f)
peru (m)	[pə'ru]	dinde (f)
pimentão (m)	[pimẽ'tãu]	poivron (m)
pimenta (f) preta	[pi'mẽtɐ 'pretɐ]	poivre (m) noir
pimenta (f) vermelha	[pi'mẽtɐ vər'meʎɐ]	poivre (m) rouge
pires (m)	['pirəʃ]	soucoupe (f)
pistáchios (m pl)	[pi'ʃtaʃiuʃ]	pistaches (f pl)
pizza (f)	['pitzɐ]	pizza (f)
porção (f)	[pur'sãu]	portion (f)
prato (m)	['pratu]	plat (m)
prato (m)	['pratu]	assiette (f)
presunto (m)	[prə'zũtu]	cuisse (f)
proteínas (f pl)	[protɐ'inɐʃ]	protéines (f pl)
pudim (m)	[pu'dĩ]	pudding (m)
puré (m) de batata	[pu'rɛ də bɐ'tatɐ]	purée (f)
queijo (m)	['kejʒu]	fromage (m)
quente	['kẽtɐ]	chaud (adj)
rússula (f)	['ʀusulɐ]	russule (f)
rabanete (m)	[ʀɐbɐ'netɐ]	radis (m)
raiz-forte (f)	[ʀɐ'iʃ 'fɔrtɐ]	raifort (m)
rebuçado (m)	[ʀɐbu'sadu]	bonbon (m)
receita (f)	[ʀɐ'sejtɐ]	recette (f)
recheio (m)	[ʀɐ'ʃeju]	garniture (f)
refresco (m)	[ʀɐ'freʃku]	rafraîchissement (m)
romã (f)	[ʀu'mã]	grenade (f)
rum (m)	[ʀũ]	rhum (m)
sésamo (m)	['sɛzɐmu]	sésame (m)
sabor, gosto (m)	[sɐ'bor], ['goʃtu]	goût (m)
saca-rolhas (m)	['sakɐ 'ʀoʎɐʃ]	tire-bouchon (m)
sal (m)	[sal]	sel (m)
salada (f)	[sɐ'ladɐ]	salade (f)
salgado	[sɐ'lgadu]	salé (adj)
salmão (m)	[sal'mãu]	saumon (m)
salmão (m)	[sal'mãu]	saumon (m) atlantique
salsa (f)	['salsɐ]	persil (m)
salsicha (f)	[sɐ'lsiʃɐ]	saucisse (f)
sandes (f)	['sãdəʃ]	sandwich (m)
sardinha (f)	[sɐr'diɲɐ]	sardine (f)
seco	['seku]	sec (adj)
sem álcool	[sɛm 'alkuɔl]	sans alcool
sem gás	[sẽ ̃ gaʃ]	plate (adj)
siluro (m)	[si'luru]	silure (m)
sobremesa (f)	[sobrə'mezɐ]	dessert (m)
soja (f)	['sɔʒɐ]	soja (m)
solha (f)	['soʎɐ]	flet (m)
sopa (f)	['sopɐ]	soupe (f)
sumo (m)	['sumu]	jus (m)
sumo (m) de laranja	['sumu də lɐ'ʀãʒɐ]	jus (m) d'orange
sumo (m) de tomate	['sumu də tu'matɐ]	jus (m) de tomate
sumo (m) fresco	['sumu 'freʃku]	jus (m) pressé
tâmara (f)	['tɐmɐrɐ]	datte (f)
taça (f) de vinho	['tasɐ də 'viɲu]	verre (m) à vin

talharim (m)	[teʎɐ'rĩ]	nouilles (f pl)
tangerina (f)	[tãʒə'rinɐ]	mandarine (f)
tarte (f)	['tartə]	gâteau (m)
tomate (m)	[tu'matə]	tomate (f)
toranja (f)	[tu'rãʒɐ]	pamplemousse (m)
trigo (m)	['trigu]	blé (m)
trigo-sarraceno (m)	['trigu saʀɐ'senu]	sarrasin (m)
truta (f)	['trutɐ]	truite (f)
tubarão (m)	[tubɐ'rãu]	requin (m)
uísque (m)	[u'iʃkə]	whisky (m)
uva (f)	['uvɐ]	raisin (m)
uvas (f pl) passas	['uvɐʃ 'pasɐʃ]	raisin (m) sec
vegetariano	[vɐʒətɐ'rjenu]	végétarien (adj)
vegetariano (m)	[vɐʒətɐ'rjenu]	végétarien (m)
verduras (f pl)	[vɐr'durɐʃ]	verdure (f)
vermute (m)	[vɐr'mutə]	vermouth (m)
vinagre (m)	[vi'nagrə]	vinaigre (m)
vinho (m)	['viɲu]	vin (m)
vinho (m) branco	['viɲu 'brãku]	vin (m) blanc
vinho (m) tinto	['viɲu 'tĩtu]	vin (m) rouge
vitamina (f)	[vitɐ'minɐ]	vitamine (f)
vodca, vodka (f)	['vɔdkɐ]	vodka (f)
waffle (m)	['wejfəl]	gaufre (f)

www.ingramcontent.com/pod-product-compliance
Lightning Source LLC
LaVergne TN
LVHW051258080426
835509LV00020B/3043